幼稚園・認定こども園
キャリアアップ研修テキスト

マネジメント

監修
一般財団法人
全日本私立幼稚園幼児教育研究機構

編集代表
小田 豊・秋田喜代美

編著
岡 健・岩立京子

中央法規

監修の言葉

　幼児期の教育は、生涯にわたる人格形成の基礎を培う重要なものであることが、さまざまな縦断研究の成果によって周知され、乳幼児教育の重要性が広く認知されるようになってきました。子ども・子育て支援法施行令が2014（平成26）年に成立し、満3歳から5歳児の園児の保育に公金が投入され、実質的に保護者負担がなくなるなどの政策が実施されました。また、少子の時代が到来するとともに、各家庭の経済状況の悪化も相まって共働きが選択される時代になりました。また、ひとり親世帯の増大などによって保育所や認定こども園、幼稚園の預かり保育などに長時間、子どもを預ける家庭も年々増えています。2016（平成28）年には「保育園落ちた日本死ね!!!」という保護者からの強烈なSNSへの書き込みが報道されました。

　希望する保育園等に入れない待機児童が増え続け、2017（平成29）年には保育園の待機児が2万6081人になるなど、政治的な課題になるほどの大問題となり、子どもや子育てに社会的視線が集まる時代になったともいえます。

　そのように公費が大量に投入され、注目度が上がるとともに、量から質へと価値観が移り変わり、各園の教育・保育の質が注目されるようになっています。言わずもがなですが、各園の教育・保育の質は園長・教頭・主任などの学びや視野の広さなどが問われることになるため、建学の精神である独自性を大切にしながら、現代的な課題に向き合う理念の構築が望まれます。

　公立や私立の施設に加え、認可外施設も無償化の対象になるなど、保護者にとってはどの施設を選べばよいのか迷われることもあるでしょう。

　現在では保育の受け皿が増大し、全国の待機児童も2000人台に激減するなど、短期間で課題が大きく変化しています。待機児童解消のかけ声から、突然、保育の質の向上へと変化したといってもよいと思います。各園ではその要望に応えるべく、研修や保育の構造の改革に取り組まなければならないわけですが、その中心的役割を担うリーダーやミドルリーダーに求められる資質・能力の向上が重要になっています。

　教科書のない教育を担う私たちが、指針や要領に基づいて豊かな環境を創り出し、伸びやかに保育活動が展開できる施設を目指して、ともに努力しましょう。

一般財団法人全日本私立幼稚園幼児教育研究機構

理事長　安家周一

編集代表の言葉

　本書は、一般財団法人全日本私立幼稚園幼児教育研究機構の監修のもとに作成された、幼稚園や認定こども園の幼稚園教諭、保育教諭のためのキャリアアップ研修テキストです。私立幼稚園だけではなく、公立・国立等の園も含め、幅広く多くの方々に使っていただけるように意図して作られています。各巻の編著者もそのような研修講師経験のある方にお願いしています。

　「幼稚園におけるミドルリーダー育成のための現代的な研修システムの開発」（研究代表　神長美津子）報告書（令和3年3月）によれば、幼稚園等でのミドルリーダーの立場に立つ教職員の年齢層は幅が広いこと、また他園から転職してきた教職員がミドルリーダーになる園が一定割合でみられることが指摘されています。そして、ミドルリーダーには全体を把握する組織のまとめ役としての連携や、チームワークを高める役割が求められている点が明らかにされています。キャリアアップ研修は、この園の中心のまとめ役になっていく方のための研修であるからこそ、確かな最新の見識と園の多様なありように応じた豊富な事例・知識の習得や共有が求められます。

　キャリアアップ研修テキストとして、すべての出版社に先駆けて中央法規出版では『保育士等キャリアアップ研修テキスト』を刊行し、全国の数多くの研修でご使用いただき定評を得ております。

　その時にねらった3点が、本テキスト作成にも活かされています。第一には、最新の基礎知識の習得と同時に、より深くその知識を活かし各園の事情を踏まえて事例・知識を共有できるようにすることです。また第二には、ミドルリーダーは自分で行動できるだけではなく、「この分野なら私がわかる」と同僚に説明できるように、何がポイントかをテキストでも明確にしたと同時に、演習やグループ討議を踏まえて、講師から学ぶと同時に参加者同士もまた、事例を共有しあって自園と関連づけて考えられる機会がもてるような構成を、内容に応じて設定していることです。そして第三には、保育者自身が園に持ち帰ってマイテキストとして使用できるように、書き込めるようゆとりのあるテキストとなっていることです。

　そして本テキストでは、保育所とは異なる、幼稚園教諭ならではの独自のミドルリーダーのあり方やマネジメントを意識し、そこに焦点を当てた内容で、本書『マネジメント』を、編集・刊行いたしました。少子化時代に、地域の保護者に選ばれる園として、各園の幼児教育の質の一層の充実に園がチームとして取り組んでいくことが求められています。

　本シリーズでは、デジタル化社会への移行に応じて、学んだことと関連づけたオンライン研修や園外研修と、園内研修を往還的に結びつけることができるように、QRコードで参考資料にもすぐにアクセスできるようにしています。キャリアアップ研修に参加した人だけではなく、園の

同僚との共有も容易になるであろうとも考えます。

　編集代表者もすべての内容を確認し、より完成度の高い内容に向けた体制で作成しています。

　本テキストを有効に活用することによって、より深い学びへとつながること、その学びの軌跡の一助に本書がなることを心より願っております。

学習院大学教授・東京大学名誉教授　秋田喜代美

編集の言葉

　近年、子どもや子育てを取り巻く環境が急速に変化し、幼稚園等施設に求められる役割は、複雑化・多様化してきています。それらに対処する保育者には日々の幼児教育・保育を充実させていくとともに、さまざまな研修の機会を通して、より専門性を高めていくことが求められています。

　保育者がそれぞれ、自らの幼児教育・保育を振り返り、専門性を高めていくことは基本的に重要ですが、幼児教育・保育が無償化され、その重要性がますます認識されてきた今日、幼稚園等施設の教育課程や全体的計画を広く社会に開き、地域や社会とともに実現していくことがより一層、求められてきています。それを実現するためには、幼稚園教育要領にも示されるように、園組織としての運営の視点、すなわち、園長の方針のもとに、園務分掌に基づき保育者が適切に役割を分担しつつ、相互に連携しながら、教育課程や指導の改善を図ることが欠かせません。幼稚園等施設では、園長、副園長・教頭、主幹教諭などのもとで、さまざまな保育者が多様な課題への対応や若手の指導等を行うリーダー的な役割を与えられて職務に当たっており、このような職務内容に応じた専門性の向上を図るための研修機会の充実が今、特に重要な課題になっています。

　このテキストは、2017（平成29）年4月に厚生労働省から出された「キャリアアップ研修ガイドライン」の考え方に基づき、また、全日本私立幼稚園幼児教育研究機構の「保育者としての資質向上研修俯瞰図」にも対応させながら、一定以上の実践経験をもち、リーダーやミドルリーダーの役割を担う保育者が園組織のマネジメントを学ぶために作成されました。

　本書の各節の冒頭には、その節で学ぶことの重点事項が「節のねらい」として示されています。これらを研修の冒頭で受講者に対する問いとして示すと、受講者の既有知識や自園の営みと関連づけられたり、問題意識が掘り起こされたりするでしょう。また、各節の終わりには、その節で学んだことのポイントを振り返るために「まとめ」を示し、最後に、各園の実践と関連づけながら行う「ワーク」を設定しました。研修後にこれらのワークを自園に持ち帰り、園内で話し合うことなどを通して、園独自のマネジメントや保育の質の改善につなげることができると思います。

　それぞれの園には、既有経験や知識の異なる個性的な保育者がいます。本書を通した学びをきっかけに、園の保育者が自らの専門性を活かし合い、幼児教育・保育の質の向上に向かっていく園、地域や社会とともに教育課程・全体的計画を前向きに実現していく園のマネジメントづくりをしていただければ幸いです。

東京家政大学子ども学部教授　岩立京子

本書の使い方

　本書は「施設型給付費等に係る処遇改善等加算Ⅱに係る研修受講要件について」（令和元年6月24日内閣府・文部科学省・厚生労働省担当課長連名通知）に基づく研修に使用するテキストです。主に幼稚園、幼保連携型認定こども園に勤務する職員を受講者として想定しています。

🌷 本書の特徴

| ① 講義 | → | ② ワーク | → | ❸ column、参考文献 |

● リーダーとして知っておきたい知識を学びます。

● 節ごとの最後に収載しています。節で学んだ知識を定着させ、実践で役立てるためのワークです。

● column では、章の内容に関係する知見を紹介しています。参考文献には一部 QR コードを掲載し、関係する法令やガイドラインにすばやくアクセスできます。

🌷 凡例

　本書は原則的に、以下のとおり用語を統一しています。

> 幼稚園、園、認定こども園 → 幼稚園等
> 保育者、教員、幼稚園教諭、保育教諭 → 保育者
> 施設長、園長 → 園長

CONTENTS

第 **2** 章 リーダーシップの理解

受講目安時間2.5時間
B4, F1, F3

第 **3** 章 　組織目標の設定　　　　　　　受講目安時間３時間

B2，E1，E7

第 **4** 章　人材育成

受講目安時間 4.5 時間

B6

第 **5** 章 働きやすい園環境づくり

受講目安時間2.5時間

B5

第 1 章

マネジメントの理解

第 1 節 なぜ、マネジメントを学ぶのか

節の ねらい
- 「マネジメント」をなぜ学ぶ必要性があるのか、その背景を理解しましょう
- 「マネジメント」ではどのような要素を取り扱うのか概観し、理解しましょう

① 「マネジメント」が求められる背景

　少子高齢化、グローバル化、人工知能の進化に伴う情報化、それに雇用環境の変容など、急激に変化する予測困難な社会に対応するために、あるいは持続可能な社会の実現のために、教育のあり方が模索されています。現行の学習指導要領（幼稚園教育要領）では、学校と社会がこうした課題を共有し、連携・協働しながら、新しい時代に求められる資質・能力を子どもたちに育むという、いわゆる「社会に開かれた教育課程」の実現が目指されます。幼稚園においても然りです。しかも、次のような記載が、幼稚園教育要領には示されています。

> 1　各幼稚園においては、園長の方針の下に、園務分掌に基づき教職員が適切に役割を分担しつつ、相互に連携しながら、教育課程や指導の改善を図るものとする。また、各幼稚園が行う学校評価については、教育課程の編成、実施、改善が教育活動や幼稚園運営の中核となることを踏まえ、カリキュラム・マネジメントと関連付けながら実施するよう留意するものとする。
> 出典：「幼稚園教育要領」第 1 章　総則　第 6　幼稚園運営上の留意事項

　一方、保育所についても、子どもや子育て家庭を取り巻く環境の変化から、子ども・子育てにかかわる制度的な改革が今も行われています。また、それに伴って保育所の役割も、さらには保育実践のあり方も、多様化・複雑化・高度化しています。現行の保育所保育指針には、次のように記されています。

> 　保育所においては、保育の内容等に関する自己評価等を通じて把握した、保育の質の向上に向けた課題に組織的に対応するため、保育内容の改善や保育士等の役割分担の見直し等に取り組むとともに、それぞれの職位や職務内容等に応じて、各職員が必要な知識及び技能を身につけられるよう

努めなければならない。

出典：「保育所保育指針」第5章 職員の資質向上 1-(2) 保育の質の向上に向けた組織的な取組

さて、これら要領や指針の指摘に共通しているのは、保育者は「組織」の一員としての役割をもって職務に取り組むことの必要性が、さらにいえば前述したようなさまざまな課題やニーズに対し、保育施設が「組織として対応する」ことの必要性についても述べられているという点です。

本書は、「保育士等キャリアアップ研修」のうち、「マネジメント」分野のテキストとして編纂されています。この分野の「ねらい」には「主任保育士の下でミドルリーダーの役割を担う立場に求められる役割と知識を理解し、自園の円滑な運営と保育の質を高めるために必要なマネジメント・リーダーシップの能力を身に付ける」と書かれています[*1]。

「保育の質」を高めること。しかも「組織」として高めること。そのために「マネジメント」が求められています。人が集まりさえすれば「組織」になるわけではありません。「這い回る経験主義」のたとえではありませんが、話し合いをすればさまざまな気づきが生まれるわけでもありません（もちろん、いわゆる「何でも発言できる、よい雰囲気の会議」それ自体を否定するものでは当然ありませんが）。

目的（あるいは取り組むべきターゲット）を共有し、個々人において何が求められ、何をすべきなのかが理解され、その役割を組織の一員として果たすことで「組織的対応」は実現されます。では、いかに「共有」を促し、どのようにそれを自らの意思で実行たらしめていけばよいのか。ここに「マネジメント」の識見を有する人材が求められる理由があるといえるでしょう。

② 「マネジメント」の「射程」

では、「マネジメント」の実践において、その役割を担う人が射程とする「対象」とは何なのでしょうか。ここでは、それを田村が提唱した「カリキュラムマネジメント・モデル」を参考にすることで説明したいと思います[1)]。

ア．教育（保育）目標の具現化

各幼稚園、認定こども園、保育園等のミッション（使命）は、預かる子ども（子育て支援をも考えれば地域のすべての子ども）の最善の利益を考え、その子どもたちをよりよく成長させることにあります。子どもの権利条約や子どもの権利条例はもとより、関係法令、幼稚園教育要領、保育所保育指針、幼保連携型認定こども園教育・保育要領を踏まえ、子どもや家庭、地域の実態を把握したうえで、施設とし

---

*1 「保育士等キャリアアップ研修の実施について」平成29年4月1日雇児保発0401第1号「（別添1）分野別リーダー研修の内容」より。

1) 田村知子「カリキュラムマネジメントの全体像を利用した実態分析：システム思考で良さ、課題、レバリッジ・ポイントを探ろう」田村知子ほか編著『カリキュラムマネジメント・ハンドブック』ぎょうせい、2016年

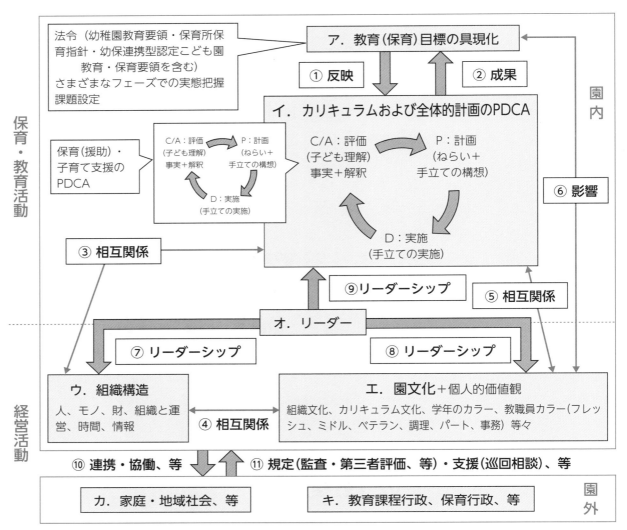

出典：田村知子ほか編著『カリキュラムマネジメント・ハンドブック』ぎょうせい、37頁、2016年をもとに著者作成

図1-1 ● カリキュラムマネジメント・モデル

ての「教育（保育）目標」を定めます。それを示したのが図1-1の「ア．教育（保育）目標の具現化」になります。

　なお、この「教育（保育）目標」は、所与のものではありません。マネジメントとは「目標を設定し、適切な手段を選択・実施して、その目標を達成していく『プロセス』」[2]であるととらえれば、目標すなわち「育みたい子ども像」や「育みたい子ども力」の設定は非常に重要です。「絵にかいた餅」とならないよう、施設の教職員はもとより、保護者、地域の関係者とも共有し、その達成を目指していく必要

2）　岡本薫『なぜ、日本人はマネジメントが苦手なのか』中経出版、2頁、2011年

があります。

イ．カリキュラムおよび全体的計画の PDCA

　目標を具現化するための具体的な羅針盤（「保育の内容」や「方法」）が「カリキュラムおよび全体的計画」になります。したがって「教育（保育）目標」はカリキュラムに反映され（図1-1中の「①反映」）、「カリキュラムおよび全体的計画」の実施状況は、目標に改めてフィードバックされることになります（図1-1中の「②成果」）。

　また、図1-1中に「入れ子」のように「保育（援助）・子育て支援の PDCA」が組み込まれています。これは、その地域・その施設が育んできた、いわば"暦"のようなその園（施設）における固有の「育ち」（ならびにそのための「保育の内容」や「方法」）の筋道を導く具体的な日々の営みです。学術的な「発達」（ならびにそのための「保育の内容」や「方法」）の筋道と融合され、絶えず見直し・作成され続けられるもの。それが「イ．カリキュラムおよび全体的計画の PDCA」として示されています。

ウ．組織構造

　「人（人材育成）」「モノ（時間や情報を含む）」「財」「組織と運営」がなければ、「カリキュラム」を実際につくり、動かすことはできません。この「ウ．組織構造」は、組織マネジメントの対象となる「領域」が示されています。なお、田村も指摘したとおり[3]、「この保育、このカリキュラムの実施・実践には、こんな人、モノ、予算、組織が必要だ」と切実に感じているのは、時に管理職以上に実践者そのものになります。したがって図1-1では、管理職以外の教職員にもこの「要素」を考える主体として位置づけられることになります（例えば、乳児保育において実施される育児担当制などは、「③相互関係」が設定されているように、保育者の業務連携の精選によって成立する営みです）。

エ．園文化（＋個人的価値観）

　保育という営みは、個々の保育者の「解釈」に依拠せざるを得ない「子ども理解」を基点とする営みです（詳細は第3章第2節参照）。しかも、そうした「個人的価値観」は、その実践が同僚に認められるという意味で、保育者間で共有された「価値観」（「文化」や「カラー」）も形成されています。さらには、その園の「価値観（＝文化）」も存在するでしょう。

　「文化」は、継続的に共有された考え方や行動様式を指してはいますが、実際に園における文化的要因は見えにくいものです。ただ、保育実践やカリキュラム策定、さらにはその評価・実施に際しては、重要な規定要因となっていることに相違ありません。そこで、そうした意味合いから、「カリキュラム」との間でも「⑤相互関係」が認められることになります。

・・

3）前掲1）、38頁

また、既述した業務連携（すなわち「組織構造」）が十全に機能しないと、個々の保育者の負担感や不全感、疲労感は蓄積し、そうした価値観（「園文化」）を生み出しかねません。その意味から「ウ．組織構造」と「エ．園文化」には「④相互関係」が認められるといえるでしょう。

　加えて、すでに指摘したとおり、園における「カリキュラム」の策定プロセスやそことの連関をもつ「ア．教育（保育）目標」の設定には、個々の実践者である保育者の価値観が色濃く反映することになります。そのため、「⑥影響」という項目が記されています。

オ．リーダー

　田村が引用したジョアン・マグレッタの指摘のとおり、マネジメントには「他者を通じてパフォーマンスする[4]」という面があります。園長や副園長はもとより、若手を支えるリーダー層であったとしても、すべての保育実務を直接行うことはできません。否、むしろ「子ども理解」をもとに子どもに向き合う保育者は、一人ひとりが本来、極めて主体的な存在として機能する必要があるといえるでしょう。個々の保育者が主体的、自律的に取り組めるよう「マネジメント」する。このことの重要性を改めて確認しておく必要があるでしょう。

　なお、第2章第1節で詳しく述べられているとおり、リーダーシップには、直接教育活動にはたらきかけるリーダーシップもあれば、人的、物的環境を整備する、あるいは育成支援の仕掛けや仕組みづくりをする、といったリーダーシップもあります。また、園内の人間関係の連携や協働を図るリーダーシップもあります。これらを示したものが図1-1の⑦〜⑨にあたります。

カ．家庭・地域社会、等

　「社会に開かれた教育課程」の実施はもとより、「子育て（の）支援」を使命の一つとする保育という営みにおいては、保護者や地域社会、そして企業といった外部関係者との連携や協働は不可欠です。地域の子どもや子育て親子を支えることが、地域社会の活性化へとつながること。公共財としての保育施設の機能的な役割について十分認識する必要があるといえるでしょう。

キ．教育課程行政、保育行政、等

　保育施設の運営においては、文部科学省や教育委員会、内閣府、厚生労働省や基礎自治体における保育課等によって、法的あるいは制度的に規程が示され、その遵守状況を監査等によってさまざまに規定されることになります。一方で、予算措置や、巡回相談等の支援も行政機関からは積極的に受けている実態もあります。

　保育の質向上に組織的に取り組むうえでは、こうしたつながりや、そのつながりの可能性を広げてい

4）ジョアン・マグレッタ、山内あゆ子訳『なぜマネジメントなのか――全組織人に今必要な「マネジメント力」』ソフトバンクパブリッシング、301頁、2003年

くことが、今後、さらに重要になるでしょう。「⑩連携・協働、等」「⑪規定（監査・第三者評価、等）・支援（巡回相談）、等」は、このような双方向の関係性を示したものとして位置づけられています。

 ## ③ 「システム」として俯瞰することの重要性

さて、既述したこのモデルの発案者である田村は、このモデルの特徴として、カリキュラムマネジメント理論にのっとり、「教育（保育）の目標・内容・方法系列の要素（図1-1中「ア.」「イ.」）」と「条件整備系列の要素（図1-1中「ウ.」「エ.」「オ.」「カ.」「キ.」)」を一体的にとらえる点にあると述べています。

また、田村は次のようにも述べています[5]。

> カリキュラムマネジメント・モデルはシステム思考[*2]に基づいて構築されました。システムは、「目的」と「要素」と、要素と要素の間の「関係性」から成り立っています。システムには構造とプロセスがあります。要素間の関係性は、繰り返して生じたり、時間の経過と共に変化したりします。要素を関係性においてとらえれば、今生じている目前の問題だけに目を奪われずに済みます。問題の真の要因は、別の要素にあるのかもしれません。

保育（援助）[*3]においても、前述した岡本の指摘が示す組織的な「マネジメント」においても、眼前にあるさまざまな事象を分析・アセスメントすることから始める必要性は変わらないでしょう。「要素」を意識し、「構造」を意識し、「要素間の関係性」をとらえることは非常に効果的であり、また基本であると考えられます。しかしながら、これは決して平易な作業ではありません。「要素」それ自体を「構造」のどこに位置づけることが妥当なのか。「要素間の関係性」の背後に潜む「問題の真の要因」をいかにして探るのか。これには、一つひとつの実務経験の蓄積が求められていくものと思われます。しかしながらそのためにこそ、まずは一歩目の作業として「システム」として組織の営みを俯瞰し、それに基づき「マネジメント」を学ぶ必要があります。 ■

・・

＊2　田村による注の内容は以下のとおり。
「システム的思考することは、カリキュラムマネジメント論の前提となった教育課程経営論から一貫した考え方です。高野桂一氏は、教育課程経営論において、学校経営を次のようなシステム構造で捉えました。（高野桂一「教育課程経営の科学とは何か」高野桂一編著『教育課程経営の理論と実際』教育開発研究所、1989、pp.3-96）
「超システムとしての教育行政や地域社会」＞「トータルシステムとしての学校経営」＞「サブ・システムとしての教育課程経営」＞「サブ・サブ・システムとしての相対的自律性を持つ授業経営」
　中留武昭氏はこの論をさらに発展させ、学校は、「学外の社会的環境要請に対して目を閉じるのではなく」「開かれて」おり、「環境にダイナミックに対応して、ある一定の成果を生み出すためにインプット条件を教育的に変容させるべくオープンシステム」としてとらえました。（中留武昭『学校改善ストラテジー —— 教育課程経営に向けての発想転換』東洋館出版、1991、pp.54-64）
＊3　保育（援助）については、第3章第2節参照。

●園の現況について、図1-1の「要素」（ア〜キ、①〜⑪）を参考に書き出してみましょう。

5）　前掲1）、40頁

組織におけるマネジメントの 理解

<table>
<tr>
<td>節の
ねらい</td>
<td>
● 幼稚園教諭・保育教諭は、一人の保育者であるとともに、園の組織の一員でもあることを理解する
● ミドルリーダーは組織の中核に位置し、それゆえ組織を支える重要な役割を担っていることを理解する
● ミドルリーダーには、管理職層とは異なるミドルならではの役割が求められ、それは「つなぐ」ことであることを理解する
</td>
</tr>
</table>

はじめに

　幼稚園等における保育の営みは、一人の保育者として子どもとのかかわりの日々を積み重ねていくということと同時に、園の組織を構成する一人として実践を積み重ねていくことでもあります。

　このことは、組織の一員としての動きが求められていることを意味しています。日頃から、園内で保育者同士が連携し、助け合いながら保育に取り組んでいることと思いますが、本節では、いま一度、その意味について考えてみるとともに、ミドルリーダーとして果たすべきマネジメントの役割について理解を進めます。

2 園という組織の一員として求められること

　例えば、保護者が子どもを通わせる幼稚園等を探しているとします。そのとき、多くの保護者は「○○幼稚園に通わせたい」とは考えるものの、その園の「△△先生に教えてもらいたい」と考えて入園先を決めることは多くないでしょう。あるいは、園長をはじめとした保育者から、園の説明を聞いて入園を決めたとしても、「きっとこの園にはこのような先生が多くいる」という期待をもたれてのことでしょう。このことは、保育者は、園に所属する職員集団の一人とみなされているということであり、言い換えるならば、組織の一員であるといえます。

　ただし、このことは園の保育者がすべて同じ能力をもち、同じ振る舞いをしなければならない、とい

うことを述べているのではありません。園のなかには経験の多い保育者もいれば、少ない保育者もいることでしょう。あることには得意で、あることには不得意な保育者がいることも当然です。そうした保育者たちの集まり（＝組織）として、全体的に成果を出していくことができるか、それぞれの保育者はどのような役割を果たせばよいのかを考えることが必要です。これが組織の一員として求められることであり、マネジメントを考える第一歩でもあります。

　そういった意味で、マネジメントは園長、副園長あるいは教頭といった管理職層にいる者だけが果たすべき役割ではありません。組織の一員として、それぞれの立場でどのような役割が求められているかを考え、他の保育者と連携し、組織（＝園）として教育の成果を上げていくための振る舞いが、すべて「マネジメント」につながります。

③ 園の組織とミドルリーダーに求められる役割

1）ミドルリーダーの位置づけ

　本テキストを活用されている多くの方々には、園の組織において「ミドルリーダー」と称される役割が期待されていることと思います。ミドルリーダーには、管理職とはまた異なったリーダーシップ[*4]のあり方やマネジメントの実践が求められます。では、その特徴はどのようなものでしょうか。

　現在の幼稚園等の組織は、図1-2の二つのピラミッドのうち、右側の図が想定されています。左側は、以前までの組織のイメージととらえていただくとよいでしょう。主幹教諭または指導教諭と呼ばれる役割にある教員、あるいはこうした肩書がなくとも、経験年数に応じて他の教諭を指導する、主として教育課程や計画を立案したり、園内研修を企画・実施するなど、いわゆる「現場のリーダー」としての役割を果たしている教員が、「ミドルリーダー」にあたります。

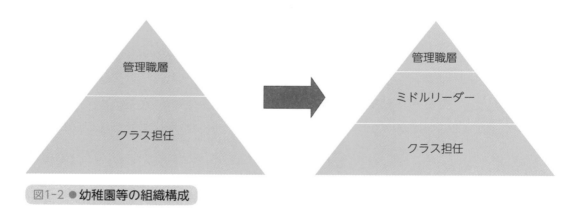

図1-2 ● 幼稚園等の組織構成

＊4　リーダーシップについては第2章「リーダーシップの理解」で詳しく紹介します。

2）ミドルリーダーに求められる役割①——目標と実践をつなぐ

　2018（平成30）年2月に発出された幼稚園教育要領解説では、今後に求められる幼稚園の役割や機能が多く示されています。そのうちマネジメントに関連したいくつかのポイントを示しながら、さらに理解を深めます。

　一つめは、それぞれの幼稚園ごとの教育目標や、創意工夫がさらに重視されるようになったという点です。

---

③　幼稚園教育要領を踏まえた創意工夫に基づく教育活動の充実

　幼稚園教育要領は、公の性質を有する幼稚園における教育水準を全国的に確保することを目的に、教育課程の規準を大綱的に定めるものであり、それぞれの幼稚園は、幼稚園教育要領を踏まえ、<u>各幼稚園の特色を生かして創意工夫を重ね</u>、長年にわたり積み重ねられてきた教育実践や学術研究の蓄積を生かしながら、<u>幼児や地域の現状や課題を捉え、家庭や地域社会と協力して、教育活動の更なる充実を図っていくことが重要である</u>ことを示した。　　　　　　　　　　　（注：下線筆者）

出典：「幼稚園教育要領解説」序章　第1節2-(1)　前文の趣旨及び要点

　同時期に発出された保育所保育指針や幼保連携型認定こども園教育・保育要領においても同様の記述を見ることができます。ポイントは、各園における独自性がより重視されるようになったという点です。もちろん、それぞれの要領や指針に書かれている水準を満たすことが前提となっていますが、それにとどまらず各園で培われた実践や研究の蓄積を生かしながら、創意工夫をして実践を紡ぎ出していくことが求められているのです。そのためには、創意工夫の先を示す教育目標が明確になっているということが必要です。

　「教育目標が明確になっている」ことは、必ずしも「わかりやすい文言で示されている」ということではありません。

　望まれるのは、園の組織のメンバーである保育者一人ひとりが教育目標を理解し、計画に照らしつつ、実践に反映することができているということです[5]。目標の理解のためには、もちろん園の理念や教育目標が記された文書を見ながら理解を深めることもあるでしょう。しかし、多くの場合は、日々の実践を通じて、あるいは計画と評価、振り返り（省察）を繰り返す過程を通じて、実践と教育目標とのつながりを確認していくことになります。新しい要領では、こうした教育目標と実践の評価、振り返りを往還する営みは、「カリキュラム・マネジメント」[6]とも呼ばれ、これも今回の要領改訂において登場した重要なキーワードの一つです。

　その際に、園の教育目標を的確に理解しつつ、実践的な内容と照らし合わせながら理解を進めるのは、その両者（＝目標と実践）を理解できている立場にある保育者が中心とならなければ実現しないことだ

---

[5]　教育目標については、第3章「組織目標の設定」でも詳しく取り扱います。

[6]　カリキュラム・マネジメントは第3章「組織目標の設定」でも詳しく扱います。

といえます。それができるのは、園での実践経験が豊富なミドルリーダーをおいてほかにないといえます。園に実践や研究の積み重ねがあったとしても、それを活用できる人材がいて初めて生かされるものです。

　ここで登場したミドルリーダーに求められる役割を表すキーワードは「つなぐ」です。ここでは目標と実践をつなぐという役割に触れましたが、ほかにも、日常的に管理職層とクラス担任とのコミュニケーション（いわゆる「報告・連絡・相談」）においても、それをつなぐという役割が求められます。

　逆に、園のなかで情報伝達がうまくいっていない、コミュニケーションをとることがあまりできていない状況であるならば、それはミドルリーダーの役割が、コミュニケーションの円滑化という面ではあまり機能していないのではないかというチェックポイントにもなるでしょう。

---

⑥幼稚園運営上の留意事項
・園長の方針の下に、教職員が適切に役割を分担、連携しつつ、教育課程や指導の改善を図るとともに、学校評価については、カリキュラム・マネジメントと関連付けながら実施するよう留意すること

出典：「幼稚園教育要領解説」序章　第1節2-⑵「総則」の改訂の要点

⑵　指導計画及び評価　評価の妥当性や信頼性の確保
　その評価の妥当性や信頼性が高められるよう、例えば、幼児一人一人のよさや可能性などを把握するために、日々の記録やエピソード、写真など幼児の評価の参考となる情報を活かしながら評価を行ったり、複数の教職員で、それぞれの判断の根拠となっている考え方を突き合わせながら同じ幼児の良さを捉えたりして、より多面的に幼児を捉える工夫をするとともに、評価に関する園内研修を通じて、幼稚園全体で組織的かつ計画的に取り組むことが大切である。

出典：「幼稚園教育要領解説」第1章　総説　第4節4-⑵　評価の妥当性や信頼性の確保

　ほかにも、「つなぐ」という観点から述べると、保護者との間、あるいはクラスとクラスとの間など、組織における「境界」はいくつも存在しています。そうした箇所に目を配り、それを円滑にしていくことが、ミドルリーダーに求められるマネジメントの重要な役割だといえるでしょう。

3）ミドルリーダーに求められる役割②──組織力を高め、力を引き出す

　二つめの役割は、組織としてのパフォーマンスを高め、一人ひとりの保育者の力を引き出すことです。私たちがふだん目にしている保育者たちの姿（パフォーマンス）は、その保育者がもつ保育者としての資質あるいは素養（＝専門性）に支えられている（裏づけられている）といえます。しかし、マネジメ

ントの視点から考えるならば、それに「組織的要因」がさらに影響しているということを知っておく必要があります。

　たとえ高い力量をもっていたとしても、職場内の人間関係（同僚性）が悪く、他者から非難されやすいと考えている場合には、思うように力を発揮することができないでしょう[*7]。人間関係に配慮するあまり、言いたいこと、あるいは言わなければならないことが言い出せないとしたら、それは園にとってマイナスになります。

　同様に、優秀な実践者であったとしても、それが「園の求める保育の方針と異なる」場合には、組織として園が取り組む保育の観点からは、必ずしも評価されることではありません。

　ほかにも、それぞれの保育者がもつ教育に対する想いが、やりがいとなって発揮されているか、勤務時間や休みなどの労働条件等は十分に整っているかなど、保育者の実際の動きにはさまざまな要因が影響し、実際の動き（パフォーマンス）へとつながっています。図1-3では、この影響要因を「環境要因」として表しました。

保育者一人ひとりがもつ力量は、園の組織がもつさまざまな環境要因に
左右されながら発揮され、実際の動きとなって現れる

図1-3 ● 保育者の実際の動き（パフォーマンス）に影響を与える環境要因

　そこでミドルリーダーに求められる役割は、こうした環境要因を整えることにあります。一人ひとりの保育者がどのような想いや考えで実践しているのか、それはこの園の実践の方向性と重ね合わせたときにどのように考えられるのか、保育者間の人間関係は実践の妨げになっていないか、言いたいことは十分に言えているか、何か問題を抱えているようなことはないかなど、管理職よりも、実際に担任の保育者の近くにいるミドルリーダーだからこそわかることも多いのではないかと思います。リーダー役として、問題を解消するための支援をしたり、あるいは管理職に報告、相談して問題解決を図っていくことも必要でしょう。こうした取り組みを「組織開発」あるいは「人材開発」と称しており、広い意味での人材育成や働きやすい環境づくり[*8]の一環として位置づけられています。

....

＊7　組織のなかで、他者から非難されるという心配をせずに自由に発言できることなど、「安全だと感じられる環境にあること」が、近年では「心理的安全性」という言葉で表現され、マネジメントの重要なキーワードの一つとなっています。
＊8　人材育成については第4章で、働きやすい環境づくりについては第5章で、詳しく取り扱います。

4 まとめ

　ミドルリーダーの保育者は、組織ピラミッドの中心に位置し、組織の各所へ影響を及ぼしうる立場として、とても重要な立場を担っているといえます。組織ピラミッドの中心にいるということは、日々の組織運営において重要な役割を果たすということにほかなりません。

　幼稚園等という現場は、日々実践に取り組み、改善を繰り返しながら組織の目標に少しずつ近づいていくという特徴を持ち合わせているといえます。組織の上層部が仕事や役割をすべてデザインし、明確な役割分担の下に分業で仕事に取り組んでいく形態とは正反対の特徴だといえます。

　組織の質を高め、また保育実践の質を高めつつ教育目標を達成していくためには、日々の実践そのものの質を高め続けるための営みが求められます。しかし、常に組織目標と照らし合わせつつ、実践がよりよくなるように日々意識しながら積み重ねていくことは簡単なことではないでしょう。また、その途中でさまざまな問題や課題に直面することにもなります。

　そこで、日々の実践の特徴や難しさを理解しているミドルリーダーが、実践者である保育者の課題に寄り添い、問題をともに解決する姿勢が求められます。この役割は管理職の立場ではなし得ないことでもあります。それは、トップマネジメントは組織全体を司る立場として、より広く、長期的な視野で組織を運営することが求められているからです。　■

　（略）それぞれの幼稚園は、地域環境や幼稚園自体がもっている人的、物的条件が違っており、それぞれ異なった特色を有している。幼児の生活や発達はそのような条件に大きく影響を受けるものであるので、このような幼稚園や地域の実態を把握して、特色を生かし、創意のある教育課程を編成するとともに、その実施状況を評価し、改善を図る必要がある。　　　　　　　（注：下線筆者）

出典：「幼稚園教育要領解説」第1章　総説　第3節3-(1)-④　教育課程の編成の実際

● 園の教育目標と実践とのつながりは、どのようになっているでしょうか。何か一つ特徴ある実践をとらえ、それが園の教育目標に照らし合わせたときに、どのようにつながるのかを考えてみましょう。

● 自園の組織図を書いてみましょう。管理職の保育者から担任の保育者までのつながりは、どのようになっているでしょうか。コミュニケーションが滞っているなと思えるような部分は確認できるでしょうか。

● 今の園の組織において、保育者の実際の動きを妨げているような組織的要因や環境要因は考えられるでしょうか。もしあるとした場合、その原因はどのようなもので、どのように解決できるでしょうか。

第 3 節 関係法令や制度の理解

節の ねらい
- 公的な幼児教育・保育施設の社会的責任を理解する
- 幼稚園教育要領等におけるマネジメントの位置づけを理解する
- 学校評価とマネジメントの関係について理解する

1 公的な幼児教育・保育施設の社会的責任を理解する

1）子ども・子育て支援新制度の側面から

　子ども・子育て関連三法[*9]が2012（平成24）年8月に成立し、新制度が2015（平成27）年4月から本格的に実施されました。これは、幼児教育・保育、地域の子ども・子育て支援を総合的に推進し、すべての子どもと子育て家庭を対象にして「幼児教育・保育、地域の子ども・子育て支援の質・量の拡充を図る」ものです。これをさらに具体的にいえば、施設を新設することや、既存施設内においても、従来実施している規模を許容される範囲内で拡大していくことにより「量の拡充」を図るものです。一方で、幼児教育・保育の「質の拡充」を図るためには、法によって定められている受け入れられる幼児の数や保育者の数、敷地面積などについての一定の基準を守って教育活動を実施するという、定量的な側面があります。加えて、幼稚園教育要領、幼保連携型認定こども園教育・保育要領の理解のもと、各園の教育理念に基づいた幼児教育を実践し、その実践を振り返り、よりよい保育をめざしていくという定性的な営みが必要にもなります。保育は幼児理解から始まりますから、保育者間で幼児理解がなぜ大切なのかという共通認識をもち、実際に幼児の思いを読み取る専門性を身につけ、より高めるために幼稚園・認定こども園（以下、幼稚園等）での保育者がチームとなって取り組むための仕組みが「マネジメント」として位置づけられます。

2）幼児教育・保育の無償化の側面から

　幼児教育・保育の無償化は、急速な少子化の進行と、幼児教育・保育の重要性の認識に立って、総合的な少子化対策を推進する一環として、子育てを行う家庭の経済的負担の軽減を図るために2019（令和元）年10月から実施されました。さらに幼児教育・保育の無償化の目的は、経済的な負担の軽減のみならず、実際には幼児教育が、生涯にわたる人格形成の基礎や義務教育の基礎を培うものであり、

[*9] 「子ども・子育て支援法」「認定こども園法の一部改正」「子ども・子育て支援法及び認定こども園法の一部改正法の施行に伴う関係法律の整備等に関する法律」の三法をいいます。

　３歳から５歳までのすべての子どもたちに質の高い幼児教育の機会を保障することの重要性の認識のもとで実施されたという側面もあります。

　また、私学助成園は子ども・子育て支援新制度の仕組みには位置づけられてはいないものの、幼児教育・保育の無償化においては、私学助成園の在籍児は等しく保育料が無償化されていることから、いっそう公的な役割と責任が期待されています。

　幼児教育の無償化の意味は、全国の幼稚園が代々、果たしてきた役割が認められ、幼児教育の重要性が世間に認識された結果でもありました。それは同時に、公的な資金が投入されることによって、幼児教育が財政という意味合いからも、いっそう「公的な役割」を得たということであり、公的にも幼児教育の「質の向上を図る責任」が生じることになったのです。そのために、各幼稚園等における幼児教育の質の向上のための「マネジメント」について学び、各園において構築していく必要があるのです。

② 幼稚園教育要領等におけるカリキュラム・マネジメントについて理解する

　幼稚園教育要領（平成30年３月）の前文において、幼稚園は「公の性質を有する」ことが以下のように記されています。本節では幼稚園教育要領から引用しますが、認定こども園教育・保育要領にも同じことが記され、求められています。

> 　幼稚園教育要領が果たす役割の一つは、公の性質を有する幼稚園における教育水準を全国的に確保することである。また、各幼稚園がその特色を生かして創意工夫を重ね、長年にわたり積み重ねられてきた教育実践や学術研究の蓄積を生かしながら、幼児や地域の現状や課題を捉え、家庭や地域社会と協力して、幼稚園教育要領を踏まえた教育活動の更なる充実を図っていくことも重要である。
> 出典：「幼稚園教育要領」前文

　教育活動のさらなる充実は、保育現場にとっては当たり前のことではありますが、幼稚園教育要領においても、そのことの重要性が位置づけられているのです。

　そのための方法としての「カリキュラム・マネジメント」については、幼稚園教育要領の「第１章 総則」の「第３　教育課程の役割と編成等」に記されています。

> 1 教育課程の役割
>
> 　各幼稚園においては、教育基本法及び学校教育法その他の法令並びにこの幼稚園教育要領の示す
> ところに従い、創意工夫を生かし、幼児の心身の発達と幼稚園及び地域の実態に即応した適切な教
> 育課程を編成するものとする。また、各幼稚園においては、6に示す全体的な計画にも留意しなが
> ら、「幼児期の終わりまでに育ってほしい姿」を踏まえ教育課程を編成すること、教育課程の実施
> 状況を評価してその改善を図っていくこと、教育課程の実施に必要な人的又は物的な体制を確保す
> るとともにその改善を図っていくことなどを通して、教育課程に基づき組織的かつ計画的に各幼稚
> 園の教育活動の質の向上を図っていくこと（以下「カリキュラム・マネジメント」という。）に努
> めるものとする。
>
> 出典：「幼稚園教育要領」第1章　総則　第3　教育課程の役割と編成等

　このように教育課程は法令、幼児の心身の発達や幼稚園および地域の実態をもとに編成されているものですが、保育者の育成や園の組織体制も含めて園が組織的・計画的に質の向上を図るために「カリキュラム・マネジメント」を実施していくことが求められているのです。

❸ 学校評価とマネジメントの関係について理解する

　幼稚園等における組織的な教育活動のマネジメントを総括するものが学校評価となります。教育の質向上のための園の運営においては重要な位置を占めるものです。幼稚園教育要領においては、「第1章総則」の「第6　幼稚園運営上の留意事項」において、下記のように記されています。

> 1　各幼稚園においては、園長の方針の下に、園務分掌に基づき教職員が適切に役割を分担しつつ、
> 　相互に連携しながら、教育課程や指導の改善を図るものとする。また、各幼稚園が行う学校評価
> 　については、教育課程の編成、実施、改善が教育活動や幼稚園運営の中核となることを踏まえ、
> 　カリキュラム・マネジメントと関連付けながら実施するよう留意するものとする。
>
> 出典：「幼稚園教育要領」第1章　総則　第6　幼稚園運営上の留意事項

　ここでは「カリキュラム・マネジメント」と「学校評価」の関係が記されていますが、幼児教育活動の質向上のために「学校評価」の営みは幼稚園運営の中核となるものですから、本節においては「学校評価」にも触れることとします。

　2007（平成19）年6月に学校教育法、同年10月に学校教育法施行規則が改正されて、自己評価・

学校関係者評価を実施して公表することが、規定として新たに設けられました。また、自己評価は義務となり、学校関係者評価は努力義務化されました。2011（平成23）年3月には、幼稚園の特性（教科等の学習を中心とする教育ではないこと、入園の選択幅が大きいこと、規模が比較的小さいこと等）を考慮して「幼稚園における学校評価ガイドライン」が改訂されました。

学校評価の関係法令

○**学校教育法**

第42条　小学校は、文部科学大臣の定めるところにより当該小学校の教育活動その他の学校運営の状況について評価を行い、その結果に基づき学校運営の改善を図るため必要な措置を講ずることにより、その教育水準の向上に努めなければならない。（幼稚園については、第28条により準用）

○**学校教育法施行規則**

第66条　小学校は、当該小学校の教育活動その他の学校運営の状況について、自ら評価を行い、その結果を公表するものとする。

2　前項の評価を行うに当たっては、小学校は、その実情に応じ、適切な項目を設定して行うものとする。

第67条　小学校は、前条第1項の規定による評価の結果を踏まえた当該小学校の児童の保護者その他の当該小学校の関係者（当該小学校の職員を除く。）による評価を行い、その結果を公表するよう努めるものとする。

第68条　小学校は、第66条第1項の規定による評価の結果及び前条の規定により評価を行った場合はその結果を、当該小学校の設置者に報告するものとする。（幼稚園については、第39条により準用）

　この学校評価としての「自己評価」は義務であるにもかかわらず、実施率（2014（平成26）年調査）をみると公立園が99%であるのに比して、私立幼稚園では約82%であり、「学校関係者評価」は公立園が80%であるのに対して私立幼稚園では40%という結果となっています。幼児教育の重要性が認められ、無償化され、公的な資金が投入されている今、幼稚園等において、自己評価や学校関係者評価の実施率を向上させていく必要があります。

　学校評価は、幼児教育の質向上のために実施するものであることから、各園での今後の積極的な取り組みが期待されます。■

ワーク

　自園が社会的責任を有していることからも、保育の質を向上させることが大切です。以下の2点についてワークをしましょう。
- 保育の質を向上させるために自分自身で取り組んでいることを書き出してみましょう。他の保育者の工夫を聞いたり、意見交換したりして、さらに自分自身の取り組みを深めましょう。
- 保育の質を向上させるために自園として取り組んでいることを書き出してみましょう。他園の工夫を聞いたり、意見交換したりして、他園の工夫に学びましょう。

第4節 専門機関との連携

節のねらい
- 身近な社会資源を知り、専門機関との連携の意義を理解する
- 専門機関と連携するための、園内での役割や体制づくりを理解する
- 専門機関とどのように連携したらよいかを理解する

1 はじめに

近年、家庭環境の多様化に伴い、保護者や子どもの抱える問題は、幼稚園等だけでは対応できない複雑なケースも多くなってきています。そこで、幼稚園等の専門性を超えるような場合には、その他の専門機関への橋渡し役として、またときには専門機関と連携して、子育てを支援していかなければなりません。そのためには、園長のリーダーシップのもと、他の専門機関の役割を知り、全保育者が連携・協力し、園全体で適切な連携と対応ができるように、見通しをもって取り組むことが求められます。

2 園の位置する地域の子育てを支援する専門機関・専門職

それぞれの地域には、学校、家庭、行政機関、地域において活動する企業、NPO等が存在し、社会教育の充実にも貢献しています。子どもとその家族が人の優しさと温もりを感じられ、安心して子育てをするために、地域で身近に支える仕組みづくりや、人と人とがつながることができる子育て支援のネットワークづくりなど、地域における多様な支援が求められています。

幼稚園等が特に連携や協働を必要とする地域の専門機関や関係者としては、下記のようなさまざまな施設等があげられます。

1）児童相談所

児童福祉法に基づき、児童の福祉に関する事項について、相談や調査・診断・判定、要保護児童の指導・一時保護などの業務を行う、都道府県、指定都市等に設置することが義務づけられている行政機関です。

2）療育センター

　障害をもつ子どもに対して、通所あるいは入所により、治療・訓練・保育・生活指導を総合的に行う施設です。

3）保健センター

　保健師、看護師、栄養士等が配置され、地域住民に対する健康相談、保健指導、予防接種や各種検診など、保健を推進する機関で、妊娠・出産・育児への支援や、児童虐待の防止・対応を保育所・幼稚園等と連携して行っています。

4）特別支援教育コーディネーター

　障害児への特別な支援をするための教育機関や医療機関への連携、その子どもの関係者（家族など）への相談窓口を行う専門職を担う教員のことです。

5）子育て支援センター

　子育て中の家庭を支援する施設で、子育て相談、子育てサークル等への支援、育児講座の実施、地域の保育資源の情報提供等を行っています。

③ 連携のための園内体制づくり

1）連携に備えた役割分担

　園のなかには、園長や教頭、主幹教諭や事務職員、その他の職員等、さまざまな役割をもった教職員が存在します。一人ひとりの教職員が、園務分掌等で互いの立ち位置を確認、理解し合いながら、状況に応じて地域の専門機関等との連携を密にし、専門性の特性と範囲を踏まえた対応を心がけていくことで、子どもや保護者への信頼性のある支援にもつながります。また、管理職や担当者の不在時には、だれがその役割を担うのか等、緊急を要する場合（特に児童虐待による通告の判断等）にも臨機応変に対応できるよう、定期的に確認しておくことが大切です。

2）連携のポイントと記録の重要性

　園にとって専門機関との連携は、どのような意味をもつのでしょうか。職員同士がせっかく会に集まっても目的がはっきりしていないと、ただの顔合わせや、専門家からの話を聞くだけの集まりになっ

てしまいます。専門機関との連携にあたっては、下記のことに留意し、能動的な活用をしていきましょう。

- ・事前に保護者の了解を得ることや個人情報の管理を徹底しましょう。
- ・連携先の機関名や期待できる支援内容を把握し、分野別に一覧を作成しておきましょう。
- ・専門機関とどのような連携を図り、支援にどのように役立てるのか（目的）を確認しておきましょう。
- ・相手先の担当者や手続きの方法などの情報を確認しておきましょう。
- ・事前に園で把握している情報は、事実に基づいて記録に残しておきましょう。

　記録については、特別な支援を必要とする子どもや保護者に応じて、記録の様式等は異なってくるでしょう。例えば、特別な配慮を必要とする子どもの個別の教育支援計画等、保護者による児童虐待のケースの報告様式等、海外から帰国した幼児等への支援のための個人記録（表1-1）等、一人ひとりに応じたものが必要となります。

表1-1 ● 海外から帰国した幼児等への支援のための個人記録表（参考例）

月　日	時　刻	対応方法	対 応 者	支援内容	その他の対応
○／○	○：○ 〜 ○：○	降園時	園長 担任	・A児の食事についての話をする。 ・母親の頑張りを認めながら、困ったことや不安なことがあったら遠慮なくいつでも話してほしいことを伝えると、表情が明るくなる様子がみられた。	★継続的な見守りと声かけを行う。 ★A児の園での様子を登降園時に伝え、子育てへの不安を軽減できるようにする。

　事実に基づいて定期的に記録を残しておくことで、園内の会議などで活用することができ、担当者が一人で抱え込むのではなく、組織的・計画的でよりよい支援に向けた、具体的対応策の手がかりになります。また、担当者が替わったときの引継ぎの情報となりますので、継続的な支援が期待でき、専門機関等への確実な情報提供をすることにつながります。

3）連携に備えた体制づくり（連絡フローチャート）

　いざというときに備えて、専門機関等と連携した対応ができるよう、連絡体制を確認しておくことが重要です。ここでは、主に保護者による児童虐待のケース（図1-4）と特別な配慮を必要とする子どもへの支援（図1-5）を想定し、その通告や相談等の体制を確認しておきます。■

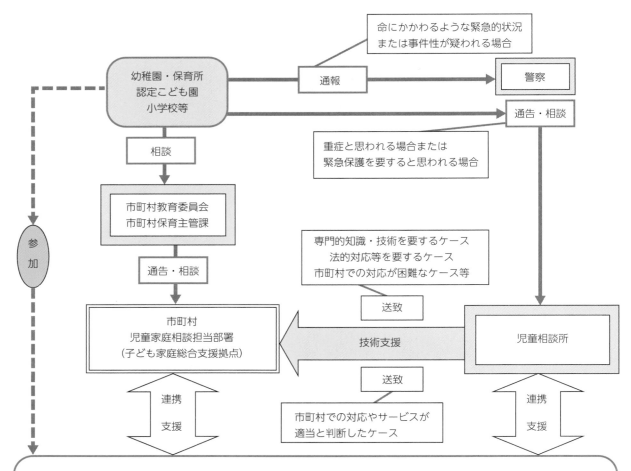

命にかかわるような緊急的状況
または事件性が疑われる場合

幼稚園・保育所
認定こども園
小学校等 ──通報──→ 警察

通告・相談

相談

重症と思われる場合または
緊急保護を要すると思われる場合

市町村教育委員会
市町村保育主管課

参加

通告・相談

専門的知識・技術を要するケース
法的対応等を要するケース
市町村での対応が困難なケース等

市町村
児童家庭相談担当部署
（子ども家庭総合支援拠点）

送致

技術支援

児童相談所

連携
支援

送致

市町村での対応やサービスが
適当と判断したケース

連携
支援

要保護児童対策地域協議会

市町村担当部局（児童福祉・母子保健・障害福祉等）、児童相談所、福祉事務所（家庭児童相談所）、保育所、認定こども園、児童福祉施設、児童家庭支援センター、里親会、児童館、放課後児童クラブ、地域子育て支援拠点、民生委員・児童委員（主任児童委員）、社会福祉協議会、市町村保健センター、子育て世代包括支援センター、保健所、医療機関（療育福祉センター）、精神保健福祉センター、教育委員会、幼稚園、小学校、中学校、高等学校、特別支援学校、心の教育センター、少年サポートセンター、警察、弁護士、家庭裁判所、法務局、人権擁護委員、女性相談支援センター（配偶者暴力相談支援センター）、NPO法人、民間団体など
　　　　　　　　　　　　　　　　　　　　　　（厚生労働省「要保護児童対策地域協議会設置・運営指針」より）

図1-4 ● 通告・相談の流れ

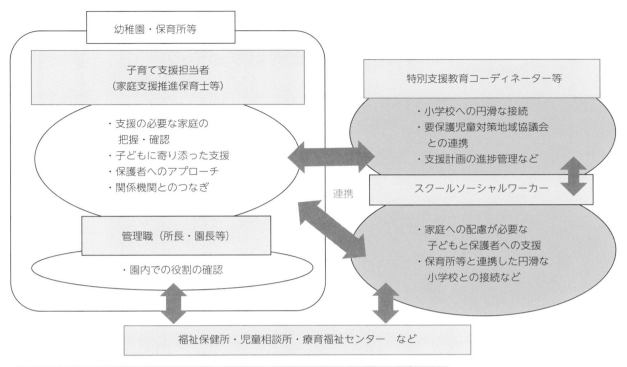

図1-5 ● 特別な配慮を必要とする子ども等への支援の引継ぎ（他機関とつなぐ）

ワーク

● あなたの園が位置する地域には、どのような専門機関があるか、グループで情報交換してみましょう。

● 専門機関と連携していくため、園内での体制づくりをどのようにしているのかや、工夫していることなどについて話し合いましょう。

「研修の内製化」が意味するもの

　「保育の質の向上に向けた組織的な取組」のためには、本章第1節で述べたように、「組織」を「システム」として俯瞰し、現状をアセスメントし、相互に関連する「要素」に対して必要なはたらきかけを実行できる知識や技能をもった人材を組織内部に担保すること（＝「研修の内製化」）が必要です。

　大学、短大、専門学校等、いわゆる保育者養成校は、保育者に必要な資格（幼稚園教諭免許状や保育士資格）の取得を支えるための機関として存在しています。また、そこに勤務する教員は同時に研究者でもありますから、養成校は保育の実践に資するための研究機関としても存在しています。

　唐突なたとえに思えますが、そう考えると、医学研究と医療が異なるように、養成校においては、実践に資するための研究をし、資格取得のための教育をしていたとしても、実践現場のなかで保育（者）の質向上に寄与する（担保する）取り組み（臨床としての園内研修）、すなわち「研修の内製化」に関するノウハウの蓄積は、必ずしもなされてこなかったといえるのかもしれません。

　そうした状況において、これまでほぼ保育とはかかわりをもってこなかった研修をビジネスとする事業者が保育現場に参入している現状があります。もちろん、「組織構造」や「園文化」が保育（者）の質向上にとって重要な要件の一つであることはそのとおりであり、例えば、働きやすい職場環境の醸成や、いわゆる職員の人間関係の構築等といった課題においては一定の識見を有しているのも事実でしょう。

　ただ、繰り返しになりますが、「研修の内製化」で求められる中核は、保育実践（いわゆる「プロセスの質」）の向上であることは紛れもありません。人の「生身」に対して治療ができるのは資格をもった医師でなければならないように、保育の「専門性」を担うのは保育者にほかならないのです。

　看護大学の教員の大半が、看護師資格をもった実務経験者であることを耳にします。「研修の内製化」が意味するもの。「マネジメント」分野の研修が創設されたことの意味。それは今後の職場内での人材育成のみならず、入職する以前の養成（誰が・どんな識見に基づいて臨床に資することにつながる養成を実施するのか）の課題をも含めて検討する可能性や必要性が生まれてきているのかもしれません。

参考文献　　▶ 文部科学省「幼稚園教育要領」2018年3月
　　　　　　▶ 文部科学省「幼稚園における学校評価ガイドライン（平成23年改訂）」2011年11月

リーダーシップの理解

❶ 保育の質とリーダーシップ

　乳幼児期の保育の質が、生涯にわたる人の発達に影響を及ぼすことなどが明らかにされるなかで[1]、社会の変化に応じつつ、子どもたちの生涯にわたる人格形成の基礎を培う機会を保障していくうえで、保育の質を向上させることが重視されています。

　保育の質にかかわる要因には、保育者の労働条件や子ども・保育者の比率、幼稚園等の評価やモニタ

表2-1 ● 保育の質に関する要因

質の側面	内　　容	具体的な説明や例
志向性の質	政府や自治体が示す方向性	・法律、規制、政策等
構造の質	物的・人的環境の全体的な構造	・物的環境（園舎や園庭、遊具や素材・教材等） ・人的環境（保育者の養成と研修、保育者と子どもの人数比率、クラスサイズ、労働環境等）
教育の概念と実践	ナショナル・カリキュラム等で示される教育（保育）の概念や実践	・日本では、幼稚園教育要領、保育所保育指針、幼保連携型認定こども園教育・保育要領に示される保育のねらいや内容にあたる
相互作用あるいはプロセスの質	保育者と子どもたち、子どもたち同士、保育者同士の関係性（相互作用）	・子どもたちの育ちをもたらす、安心感や教育的意図等を含む、保育者や子どもたちの関係性
実施運営の質	現場のニーズへの対応、質の向上、効果的なチーム形成等のための運営	・幼稚園等やクラスレベルの保育計画 ・職員の専門性向上のための研修参加の機会 ・実践の観察・評価・省察の確保、柔軟な保育時間等
子どもの成果の質あるいはパフォーマンスの基準	現在の、そして未来の子どもたちの幸せ（well-being）につながる成果	・何をもって成果とするかは、各々の価値観等によって異なる

出典：OECD, Starting Strong II: Early Childhood Education and Care, OECD Publishing, 2006.；淀川裕美・秋田喜代美「代表的な保育の質評価スケールの紹介と整理」，イラム，S.、キングストン，D.、メルウィッシュ，E.、秋田喜代美・淀川裕美訳『「保育プロセスの質」評価スケール：乳幼児期の「ともに考え、深めつづけること」と「情緒的な安定・安心」を捉えるために』84-100頁、明石書店、2016年をもとに作成

---

1) OECD, Starting Strong Ⅲ：A Quality Toolbox for Early Childhood Education and Care, OECD Publishing, 2012.（OECD『OECD 保育の質向上白書——人生の始まりこそ力強く：ECEC のツールボックス』明石書店、2019年）

リングなどの「構造的要因」と、保育者の子どもとのかかわりや保育者同士のかかわり、保育者と保護者のかかわりを中心とした「過程的要因」があるといわれています（表2-1）。保育の質を保障する重要な要因の一つとして、効果的なリーダーシップがあるといわれています。

　保育におけるリーダーシップについて、ロッド[2]は「保育におけるリーダーシップとは、子どもに提供される経験や環境、大人同士の関係や大人と子どもの関係、子どもや大人の権利を守ること、子どもの保育に関するあらゆる要求に合わせるために人為的な境界を超えて協同的に働くことなどについて、考えることである」と述べています。また、効果的なリーダーシップは、子どもたちの学び、健康、社会性の発達、ウェルビーイングによい影響を与えるともいわれています。

1）構造の質とリーダーシップ

　保育者の労働条件は、保育者の職業満足度に影響し、保育者と子どものかかわりの質に影響を与えるといわれています。園の運営管理はリーダーが主要な役割を果たしているため、リーダーがマネジメントを効果的に行うことで、組織の雰囲気がよくなり職業満足度が高くなると考えられます。

　そして、保育の質を規定する最も重要な要因である保育者の質については、研修の受講による専門性の向上が保育実践の質の向上につながることや、子どもの発達に関連することが指摘されています。保育者に研修の機会を設けることや、保育者に敬意を払って個人的なサポートを行い知的な刺激を与えること、保育者のニーズを把握し継続的に研修を実施していくことなどの役割を、リーダーが果たすことが求められているといえるでしょう。

　また、保育の質と子どもの発達にとって、幼稚園等と保護者との連携は重要であり、社会的・認知的な結果が高い子どもがいる園は、保護者と園が連携し、教育目標を共有していたことや子どもたちの成長について日常的に報告したり話し合ったりしているといわれています。保護者とコミュニケーションをとって連携し、保護者を巻き込み、導く役割が、保育におけるリーダーシップにはあるのです。

　さらに、特別な配慮を必要とする子どもたちの発達の保障のための専門機関との連携や、幼児期の経験を小学校に接続するための小学校との連携、園の幼児教育に地域の人や場所、文化などを活かすための地域との連携が重要になってきています。また、異文化にルーツをもつ子どもや家庭の支援など、子どもや家庭の多様性への対応も求められるようになっており、リーダーシップの役割が広がってきているといえます。

2）保育の過程の質とリーダーシップ

　保育の過程の質は、最も直接的に子どもの生活にかかわります。先に述べたように、保育者の職務満足度は保育の質を規定する重要な要因の一つとなっています。特に、同僚などとの信頼関係は、保育者

2）　ジリアン・ロッド、民秋言監訳『保育におけるリーダーシップ――いま保育者に求められるもの』あいり出版、1頁、2009年

の成長意欲に大きな影響を与えるといわれています。また、効果的な指導助言によって保育者が自らの保育実践について建設的なフィードバックを聞いて振り返ることができ、批判的に自己評価を行うことができることも指摘されています。互いを高め合う人間関係や学び合う雰囲気の醸成が、保育におけるリーダーシップのなかでも重要なのです。

　それから、クラスや園全体の雰囲気は、保育者と子どもの日常のかかわりを反映しています。クラスの雰囲気によって子どもの社会性の発達に影響がでるといわれており、クラスの雰囲気は保育者のリーダーシップの質の影響を受けるといわれています。リーダーがコミュニケーションをとりながら他者に応じる、自分自身の感情を知りコントロールする、共感性をもつ、感情のダメージをケアするなどによって保育者の感情労働を支え、クラスの雰囲気に影響を与えていると考えられます。

　そして、幼稚園や幼保連携型認定こども園では、一人担任制で保育をする場合でも、他のクラスの保育者との連携が欠かせません。複数の担任がいる場合や、フリー、補助の保育者が保育にかかわる場合も多く、ほかにも預かり保育の担当職員や事務職員、バスの運転手など、常勤・非常勤を含めさまざまな職員が子どもや保護者とかかわるチームとして働いています。また、特別な支援の必要な子どもや保護者にかかわる地域の専門機関、小学校、その他外部機関や専門家とのかかわりなど、園内外の多職種の人たちとの連携も必要です。保育におけるリーダーシップは、さまざまな保育者・職員が働く園全体の連携や協力のあり方、雰囲気にかかわります。そして、子どもの豊かな経験や育ちを支える保育の質を保障するために重要なものなのです。

 ## ❷ 効果的なリーダーシップ

　園長など園のリーダーの役割には、マネジメントとリーダーシップがあります。

　マネジメントとリーダーシップは密接に結びつき重なる側面をもつため、明確に区別することはできないものの、リーダーの役割には、業務の管理運営に関するマネジメント的な役割と、園や保育の方向性や園全体での学びをリードしていくリーダーシップの役割があると考えられます。

　なお、リーダーシップは、園長や主任といった職務や地位にある人だけに必要なものではありません。保育実践における素養や能力、人を率いるうえで必要なものとしてもとらえ、保育者の誰もが伸ばし、場面によって発揮していくものであると考えることも、チームとしての園をつくっていくうえで大切です。特に、新しい知識を構築するなど学びを中心とした「教育のリーダーシップ」については、日々の保育実践において保育者が学び合うことや、保育者の学びをリードしていくことなどにかかわる重要な

リーダーシップであると考えられます。

　イラム・シラージは、保育における効果的なリーダーシップについて、効果的なコミュニケーションを図り発展的なビジョンを共有する「方向づけのリーダーシップ」、保育者同士のチーム文化の活性化や保護者との協働を促進する「協働的なリーダーシップ」、チームのメンバーの主体性を引き出したり、変化の過程に影響を与えたりする「他者を力づけるリーダーシップ」、学びや省察的な学びをリードする「教育のリーダーシップ」があると述べています（表2-2）。

表2-2 ● 保育における効果的なリーダーシップ

方向づけの リーダーシップ	・園の共通のビジョンをつくり出し、そのビジョンの共有を通して、応答的で柔軟な保育を目指す。共通のビジョンをつくる際には、職員・保護者・関係者等とも話し合い、一人ひとりが主体性をもち保育を実践できるようにする。 ・積極的傾聴を行うなど、方向づけのために効果的なコミュニケーションを実践する。
協働的な リーダーシップ	・チームワークを発揮できるよう、メンバー同士の関係性を支援し、相互信頼や高め合いができるような風土をリードする。 ・保護者とのパートナーシップを築く。
他者を力づける リーダーシップ	・園が変化、成長する力を引き出す。変化をしていくために他者のサポートを行う（情報提供・モデルとしての行動）。
教育の リーダーシップ	・園の教育と学びの質を向上させるために、組織を学びの実践共同体へと変える。 ・対話を通じて継続的に省察的に学び高め合っていく。 ・リーダー人材を育成する。

　なかでも「教育のリーダーシップ」は、学びを中心におき、メンバーとともに知識を構築したり創造したりすることに重きをおく考え方です。新しい情報や保育者に必要な情報を集めたり、取り組む課題を提供するなど、自分も学びつつ他者の学びをリードしながら、園の変化を導いていく役割です。例えば、自分たちに必要な学びはどのようなものかを考えて研修を企画したり、保育実践についてともに考える際に、自分の経験とそこから得たことを解釈して伝えたり、保育者に必要な情報を提供したりすることなどがあるでしょう。

　教育のリーダーシップが特に発揮される場の一つに、園内での研修をあげることができます。話し合いを伴う園内研修において、保育者が「心に残った発言」「研修を活発にした・深めた発言」「学んだこと」がどのようなものだったのかを調査した淀川ら[3]は、園長や主任、研修リーダーなどのリーダー職の保育者だけにみられたカテゴリーとして、＜職員の保育への振り返り＞＜職員の保育への構えや考え方＞＜（職員の）悩みや試行錯誤への自覚＞＜職員の成長への期待＞などをあげています。リーダー層が職員の学びや成長に目を向けることや、園全体で学び合いながら保育をよりよいものにしていこうとすることへの視点をもつことは、教育のリーダーシップにかかわるものだといえます。

3）　淀川裕美・箕輪潤子・門田理世・秋田喜代美「園内研修における保育者の学びの構造化に関する試み——心に残った・保育への理解が深まった発言に着目して」『東京大学大学院教育学研究科紀要』第59巻、496-509頁、2019年

③ リーダーシップと組織

　リーダーシップというと、企業などのトップダウン型の組織のあり方をイメージする方もいるかもしれません。これは「階層的リーダーシップ」といい、カリスマ性や権威のあるリーダーがあらゆる運営や計画、指示をトップダウンで行い、他のスタッフがそれにならうというモデルです。

　一方で、「分散型リーダーシップ」という、組織のどこにでもリーダーシップが存在するという考え方があります。分散型リーダーシップは、知識や専門的技術をもち、変化や新しい機会をとらえて挑戦するリーダーが、組織のどこにでも存在するというものです。職務などに関係なく、組織の状況によって多様な人がリーダーシップを発揮するため、リーダーとフォロワーが入れ替わったり、リーダー同士

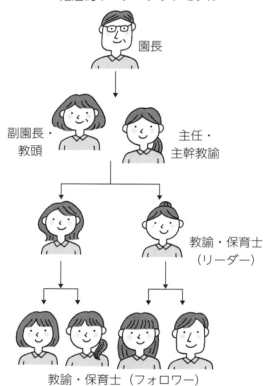

階層的リーダーシップモデル

園長

副園長・
教頭

主任・
主幹教諭

教諭・保育士
（リーダー）

教諭・保育士（フォロワー）

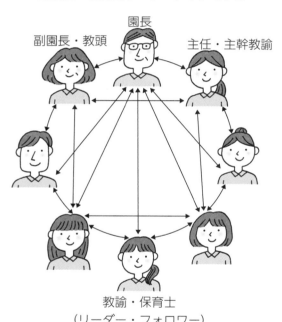

分散型・協働的リーダーシップモデル

園長

副園長・教頭

主任・主幹教諭

教諭・保育士
（リーダー・フォロワー）

図2-1 ● 階層的リーダーシップモデルと分散型・協働的リーダーシップモデル

やリーダーとフォロワーが相互にやりとりしたりしながら取り組んでいきます。職務内容や機能によって専門的な内容に関する見識や技術をもつリーダーが、子どもたちや家庭の力になるために、お互いに専門性を補完し合い、共同で取り組むことが求められるのです（図2-1）。

　保育の領域においては、一人の人間が采配を振るうというよりは、集団で働きお互いに励まし合っていく結果としてリーダーシップが生まれてくるといわれています。保育の現場によっては階層的なリーダーシップのなかで、園長がすべてを決めたり解決したりする園もあるかもしれません。しかし、階層的リーダーシップが強固すぎる場合、職員集団はリーダーや先輩の指示待ちになったり、仕事に対して受け身で、判断や決定をリーダーに委ねがちになったりしてしまうことがあります。園長がいないときでも園の運営や保育が安定している園にするため、また保育者たちが自主的に学び合う集団をつくるためには、職員一人ひとりが自分で考え、行動することができるように、目標や意思決定を共有したり、任せたりする分散型リーダーシップの考え方を取り入れていく必要があります。幼稚園等の保育者それぞれが見識や技術を発揮する機会をもつ、状況や場面に応じてリーダーを任せるなど、保育実践についてともに学び合い、考え合い、それらを続けていくことで、一人ひとりが主体性やそのよさを発揮できるようにしていくことが大切ではないでしょうか。■

● 保育の質に関する要因を具体的にあげてみて、それぞれの項目について意見交換をしましょう。
● リーダーシップの各モデルについて、メリットやデメリットを話し合ってみましょう。

第 **2** 節　ミドルリーダーの役割

節の
ねらい

● ミドルリーダーとはどのような立場なのかを知る
● 園の保育を支え、つくり出すミドルリーダーの役割を理解する
● 人が育ち合う風土をつくるミドルリーダーの役割を理解する

① ミドルリーダーとは

　近年、「ミドルリーダー」の存在が重要だといわれています。では、どのような人が園の「ミドルリーダー」なのでしょうか。組織における職務で考え、副園長や主任教諭、学年リーダーやクラスリーダーなどの役職に就いている保育者を、園長と保育者の間に位置する職務を担う職員として「ミドルリーダー」と呼ぶ場合があります。経験年数が幼稚園等にいる保育者の中間にあたる中堅保育者を「ミドルリーダー」と考える場合もあります。しかし、幼稚園等により職務の置き方も、中堅保育者にあたる経験年数も異なります。野澤らは「日本の保育におけるミドルリーダーは、特定の職位や経験年数のみによって規定されるのではなく、園長と他の職員の中間に位置し、リーダーとして必要な実践の知恵や力量をもつ中堅保育者として捉えることが可能である」[4]と述べています。

　ミドルリーダーは、幼稚園等の組織において立ち位置・関係性ともに、管理職と保育者の間に属しており、先頭に立って改革したり引っ張ったりするというよりは、同僚とともに力を合わせて自分たちの状況やニーズに応じて物事を導いていき、実践によってその役割を果たす存在です。また、ミドルリーダー自身も担任として保育をしている点で、子どもや保育者に近い立ち位置にいる存在だといえます。

② ミドルリーダーの資質と役割

　保育教諭養成課程研究会は、2017（平成29）年に、私立幼稚園の5年から10年の経験をもつ幼稚園教諭・保育教諭を対象に、ミドルリーダーの役割を果たすために必要と思われる資質・能力について調査しています。その結果、表2-3のような六つの因子が抽出されました[5]。

4）　野澤祥子・淀川裕美・佐川早季子・天野美和子・宮田まり子・秋田喜代美「保育におけるミドルリーダーの役割に関する研究と展望」『東京大学大学院教育学研究科紀要』第58巻、390頁、2018年
5）　保育教諭養成課程研究会「幼稚園等におけるミドルリーダーの人材育成に係る研修の在り方に関する調査研究報告書　幼稚園におけるミドルリーダーの実態調査」20-21頁、2018年

表2-3 ● ミドルリーダーに求められる資質・能力

因　子	因子の内容
①「調整」	園全体の動きの調整や、同僚が働きやすいような配慮、保育者の状況に応じた自らの動きの調整、働きやすい職場環境をつくることなどに関すること
②「連携」	安全に関する計画と保育者への指導、地域の実情を理解して連携を図る、会議の企画運営などに関すること
③「省察」	さまざまな意見を求め自分のやり方を見直す、多様な情報を集め自分の経験について改めて分析する、自分の教育・保育や園内での立ち回りを振り返る、研修等を活用して教育・保育の質の向上を図ることなどに関すること
④「子ども理解・援助」	子ども一人ひとりの発達を理解し、適切な援助を行うことなどに関すること
⑤「園運営の中核」	園運営で重要な役割を担う、園運営の中核となって教育・保育を計画・運営することに関すること
⑥「後輩指導」	新任保育者への指導や助言、後輩、同僚の保育者への指導や助言に関すること

　この調査結果からは、ミドルリーダーは、園内の職場環境を調整すること、保育実践への指導助言や保育者を支えること、保護者・地域・関連機関等と連携することなど、多様な資質・能力が求められることがわかります。

❸ 園の保育を支える・つくり出す

　ミドルリーダーの主な役割の一つは、「カリキュラム・マネジメント」に中心的にかかわることです。園のビジョンを共有したり、教育・保育の質向上に向けたPDCAに取り組んだり、地域の資源を活用した保育を行うことなどにおいて、日々の実践にかかわっているミドルリーダーだからこそできること、考えられることがあります。

1）園の方針・目標・ビジョンの共有

　カリキュラム・マネジメントにかかわるミドルリーダーの役割として、園の方針・目標・ビジョンを理解し、他の保育者と共有する役割があります。例えば、園の教育理念・目標や方針を踏まえて、学年やクラスの目標、何を大切に保育をするのかという方向性・ビジョンを共有したり、園長や主任教諭のビジョン・思いと、後輩の思いとの間で、伝達・調整を行ったりすることなどです。

　私立幼稚園における主任教諭がリーダーシップをどのように認識しているかについてインタビュー調査を行った上田ら[6]は、主任教諭の役割として＜まとめるリーダーシップ＞と＜つなげるリーダーシップ＞があると述べています。そのうち、＜つなげるリーダーシップ＞は、主任教諭が園長の保育観や期

6）上田敏丈・秋田喜代美・芦田宏・小田豊・門田理世・鈴木正敏・中坪史典・野口隆子・淀川裕美・森暢子「私立幼稚園における主任教諭のリーダーシップに関する研究」『保育学研究』第58巻第1号、67-79頁、2020年

待する保育方法を保育者に伝え、逆に保育者からの希望を園長に伝えたり、園長と保育観を共有したり
するなど、園長と保育者の間で保育観や保育方法などの考え方をつないでいく役割です。特に、階層的
なリーダーシップをとっている園の場合、園長や理事長から保育者に伝えたい考えや方針等がある場
合、まず主任教諭が園長や理事長から話を聞き、主任教諭が学年主任に伝え、学年主任から他のクラス
の保育者に伝える、もしくは、園長が全体に伝えたことを改めて具体的な指示として主任教諭から伝え
るなど、園長や理事長の考えを保育者に理解してもらい、実践につなげられるようにするなどの役割が
あります。また、逆に個々の保育者の考えや不満などを主任教諭が吸い上げて、理事長や園長に伝えて
いくということもあります。理事長や園長と理念や保育観を共有し、保育運営の実務を担う立場として、
職員集団と理事長や園長との間をつなげる役割を果たしていると考えられます。

　ミドルリーダーとして、園長や理事長から指示されたことが実際の保育では実現不可能だと感じた
り、保育者からの要望を園長や理事長に理解してもらうのを難しく感じたりすることもあるかもしれま
せん。そのようなとき、相手の要望を「できる・できない」でとらえるのではなく、「なぜそのような
ことを考えているのだろう」と話の背景にある思いに目を向けると、見えてくることが変わることがあ
ります。また、職位や経験年数、任されている仕事などによってもそれぞれの人から見えていることや
その思いが違うことを踏まえて、説明や調整の糸口を探る、他園の事例などを収集するなど工夫し、園
のビジョンを具体的に実践につなげていくためにはどうしたらよいかを考えることも大切です。

2）教育・保育の質向上に向けた PDCA サイクルの実施

　保育の営みは、計画（Plan）→実践（Do）→評価（Check）→改善（Action/Adjust）という循環
的な過程のなかで、常に子ども理解を中心として行われます。その PDCA サイクルを実現していくう
えでも、ミドルリーダーは重要な役割を果たします。

　全体的な計画に基づいて指導計画を立案する際には（Plan：計画）、学年内で調整をしたり園全体で
共有したりする役割を担います。その際に、自分が決めた指導計画をただ伝達するだけではなく、意見
を聞いて反映させたり子どもの実態や計画の考え方を確認し合ったりすることが大切です。次に、計画
に基づいて保育の環境を構成し、保育を実践していきますが（Do：実践）、後輩が迷っているときに話
を聞いて一緒に考えたり、自分自身の保育においてもよりよい環境構成や援助のあり方を探ったりしま
す。一緒に悩み考えてもらえることで後輩たちは励まされ、自らの保育について考え続ける姿は刺激や
モデルになります。そして、保育実践において子どもの姿がどのような姿であったのか、どのようにね
らいを経験していたのか、環境構成や援助が子どもにとってどうだったのかなどを振り返り（Check：
省察・評価）、そこで見えた改善点を次の計画に反映させていきます（Action/Adjust：改善）。子ども
理解を深め、今後、保育がどうなったらよいか、どのようなことが必要かなどを同僚とともに考えるう

えでの視点を共有したり、みんなの思いや考えを引き出したり整理したりすることもミドルリーダーの大切な役割です。

　東京大学発達保育政策実践学センター Cedep が2017（平成29）年に行った、幼稚園、認定こども園、保育所（認可・小規模）、認可外保育施設の主任保育者にリーダーシップに関する実践について尋ねた大規模調査[7]では、①保育制度や政策にかかわる情報収集を積極的に行っている、保育実践にかかわる書籍や保育雑誌を積極的に購読しているなどの項目からなる「専門性向上の支援」、②職員の仕事に対する意見や要望等を尊重している、職員が意見等を出しやすい雰囲気をつくっているなどの項目からなる「組織の運営・園の風土づくり」、③保育計画や保育日誌等の内容を確認している、新任の保育者に子ども等のかかわりを指導している、保護者からの要求・要望に応じているなどの項目からなる「日々の保育実践の援助・保護者との連携」の3因子がみられました。

　さらに、この調査では、園長や主任保育者のリーダーシップが、担任保育者の保育計画を支えていることや、保育計画に力を入れることが環境構成やかかわりの質の高さに関連していることが示唆されました。

　幼稚園の主任教諭の役割に＜まとめるリーダーシップ＞と＜つなげるリーダーシップ＞があると指摘している上田ら[8]は、＜まとめるリーダーシップ＞について、職員集団をまとめ日々の保育運営や行事などの進行を管理する役割だと述べています。クラス間や学年間のカリキュラムを調整したり、新任教諭への手助けを行ったりするなど、クラス担任が保育を円滑に行えるよう支援する「保育運営的支援」、一人ひとりの職員に目を配り、心理的ケアや相談、共感等を行い、職員間の人間関係を円滑にする「人間関係的支援」を行っています。ミドルリーダーは、職員が育つことを期待しながら、保育運営面での調整と、職員の人間関係への心理的ケアを行いつつ「職員集団の統括」（まとめる）をしています。

　このように、ミドルリーダーの役割のなかでも、園で働く保育者の保育実践を支えたり、園の組織や風土をつくったりする役割は、重要かつ中心的な役割になると考えられます。

3）保護者や地域との連携

　社会に開かれた教育課程の実現のために、保護者や地域との連携が重要になっています。少子化の進行により地域社会のつながりが希薄になり、また、保育の長時間化・保育利用開始年齢の低年齢化により、従来、地域でできていた体験が少なくなっていることから、幼児教育施設として子どもが地域で育つということを真剣に考えることが必要な時代になってきました。また、近年は幼稚園等に求められることが多様化していたり、保護者のニーズへの対応も増えたりしていて、チームとして同僚と協力し合う必要が出てきています。園・保護者・地域が相互に協力し合っていくうえでも、ミドルリーダーの力を発揮することが求められているのです。

・・

7）　前掲4）、496-509頁
8）　前掲6）

例えば、園の教育の考え方や活動・行事などに込めた願い（ねらい）、日々の子どもの姿や育ちの様子などを、面談や保護者会、学年だよりや園だより、ホームページやブログ、SNSなどを通して説明することです。園の考え方や保育をどのように伝えていくのか、その方針や方法を考えて提案したり、アイデアを保育者から引き出してまとめることなどがあります。また、園の周囲の自然環境や文化を生かした保育、祭りなどの活動への参加、地域の人との交流など、保育において地域の資源をどのように活用できるかを考えることや、保護者や地域の人が園や保育にかかわる機会をつくったりすることなどもあげられます。

④ 人が育ち合う風土をつくる

　ミドルリーダーは、中立・中間的な立場にいるとともに、職員にも子どもにも近い位置にいる職員です。他者との信頼関係を築くうえでも、学びや教育を内側からリードするうえでも、組織のハブとなる存在です。後輩を育てる、同僚性を築く、ともに学び合う雰囲気をつくることなども、ミドルリーダーの大切な役割です。

1）後輩を育てる・支える

　新任の保育者は、学校でさまざまなことは学んできていても、園の保育については何もかもわからない不安でいっぱいな状態から始まります。新任ではないけれども経験年数が少ない保育者も、経験を積み重ねてきたからこそ感じる葛藤や不安もあるのではないでしょうか。

　新人や若手の保育者が困難さを抱えたときに、話を聞いたり一緒に考えたり、長い目で見守ったりするなど、後輩が成長していく過程を支えることも、ミドルリーダーとして後輩を育てていくことにつながります。また、「見て学べ」ではなく、伝えられることは伝えるようにし、伝え方も、大事なことは何度も言ったり、できるだけ具体的に伝える、相手の受け取りやすい形（視覚優位・聴覚優位・体感覚優位）にして伝えるなどの工夫をすることで、理解しやすくなったり質問や相談がしやすくなったりします[9]。

　谷川[10]は、初期キャリアの保育者が危機を契機に探求的な省察を行った結果、専門的な成長を遂げていること、探求的な省察は保育に慣れるまでの時間の確保やちょっとした時間に行われる先輩保育者との日常的なやりとりなどによって支えられていることを示しています。つまり、保育者の成長は、個人が保育について深く考え、その困難を乗り越えていくことで促進するものですが、困難や危機を乗り越えていくうえでの探求は、先輩保育者のさまざまな支えによって可能になるといえます。

9）菊池奈津美・中村章啓『保育リーダーの教科書：楽しみながら成長できる』中央法規出版、148頁、2021年
10）谷川夏実『保育者の危機と専門的成長——幼稚園教員の初期キャリアに関する質的研究』学文社、107頁、2018年

　１年目の頃や保育者としての経験がまだ浅かったときのことを思い出し、誰がどのように支えてくれたのか、どのような指導や支援をしてもらえたらよかったと思うかなどを考えつつ、後輩一人ひとりに沿った指導を探っていくことが大切です。

2）保育者間をつなぐ──学び合い、ともに考え続ける組織をつくる

　幼稚園等では、経験年数や年齢、役割が違う保育者・保育者以外のさまざまな職員がいて、その職員が一つのチームとしてその園の保育を行い、つくり出していきます。同僚性を高めることは、保育の質の向上につながっています。

　同僚間の信頼関係が築かれることで、保育者は新たなことに挑戦するなど「保育者の学び合いや園の変化」につながっていくといわれています。

　一緒に保育の現場に入ることで後輩のモデルになったり、保育を見て一緒に子どもの姿や実践について話し合ったり、後輩がしている保育の意義やよさを伝えたり、後輩のモデルとしてふるまうということは、実践を経験しているミドルリーダーだからこそできる支え方だと考えられます。ほかにも、職員会議等で園長などからの助言が話題の中心となり保育者が発言をためらったり戸惑ったりすることが増えたときに、管理職ではないミドルリーダーが、職員の意見に耳を傾け、肯定的に受け止めることで、保育者が意見を言いやすくなったり、自分一人ではない、困ったときは一緒に考えてもらえるという安心感をもてたりすると考えられます。園内研修など、保育や子どもについて話し合う場においても、日常的に同僚と保育について話をしているミドルリーダーは、保育者一人ひとりのニーズや課題、状況を把握したうえでの研修の企画や、保育者が積極的に参加し、話し合い、学び合うための運営に力を発揮することで、園の保育の質の向上のための大きな力となります。

　このように、ミドルリーダーには保育者が学び合うために力を発揮することが求められますが、その際にミドルリーダー自身がリーダーや後輩を含めた同僚との信頼関係を築きながら、同僚間をつないでいくことが大切になります。

　保育者は共感性が必要な仕事であるといわれていることに加え、同僚と身体的に近くで働くことから、保育実践に対して批判的に話し合うことを避けやすい傾向があるかもしれません。例えば、子どものことを考えると同僚に伝えたほうがよいことなのに伝えられなかったり、保育を見て表面的なことを褒め合うだけに終わってしまったりするなどの状況です。しかし、実践の質の向上につなげるためには、保育者が自分の弱みや課題も含めて話せたり、一緒に保育について考えていくことができるような信頼関係をふだんから築いていくことが必要になります。

　そのためには、後輩に対しては、ふだんから子どもの姿や保育について話すことでさまざまな話がし

第2章　リーダーシップの理解

やすい雰囲気をつくる、表情の変化などに気づいたときは声をかけて安心して話せるようにする、よいところを伝えて自信を引き出す、気になったことは指導する前に思いを尋ねたり一緒に考えたりするなど、さまざまなコミュニケーションの工夫をしてみることが大切です。また、園長や理事長などリーダーの話を聞くときにはその意図を理解しようとして、どうしたらそれを現場の保育者たちが実現させることが可能かを考えたり、リーダーに後輩たちの状況を伝えたりするなど、理想や方向性と現実の実践をつないでいくこともミドルリーダーには求められます。

さらに、グループの目標をメンバーの相互作用により共有し、その目標を達成することや、メンバー間の信頼感や一体化を促進すること、職員一人ひとりが自分で考え、行動できるよう、話に耳を傾けることや、質問を通して目標や意志の決定を分かち合うことなど、ミドルリーダーは保育者一人ひとりが育つことを支えるとともに、みんなで学び合う職員集団が形成されていく際の鍵になります。

また、保育は即時的・即興的かつ成果の評価が困難だからこそ、個人・チームで実践を振り返り、専門性を向上することが必要です。学ぶことは、挑戦や変化への一歩を踏み出すことであり、そのための土台として安心・安全を感じられる風土が欠かせません。保育者が安心して会議や研修の場で発言できる雰囲気をつくることや、失敗したことや疑問に思ったことなども含め、それぞれの発言や意見に耳を傾け合えるような場にするために何が必要かをリーダーとともに考え、子どもの育ちを支える園の保育を実現していきます。

⑤ ミドルリーダーの課題

ここまででみてきたように、ミドルリーダーには多くの役割があり、幼稚園等の組織や文化をつくっていくうえで重要な役割を果たしています。ミドルリーダーの立場になることで、保育実践が中心だったときとは異なる戸惑いや悩み、課題なども出てくると考えられます。

吾田[11]は、主任保育士を対象とした研修のなかで出された悩みや課題を整理しています。例えば、職員同士の関係性や若い世代の保育者、実習生の指導に課題を感じていることや、よい関係性を築くことができても指導的な立場から助言をした経験が少ない主任保育士は指導の難しさを感じていることのほか、各職員の構成を生かしつつ良好なチームワークを築くこと、職員の心をケアすることなどの難しさを感じていたと述べています。ほかにも、業務が多いなかで自己研鑽が図れないことや、保育が生活や遊びを通しての教育だからこそその業務の線引きの難しさを感じていること、会議の進め方や職員の声を集約することの難しさを感じていることなどもあげられていました。

11）吾田富士子「保育の質を規定する職場環境と環境改善のための研修のあり方——環境改善の試行と研修による主任保育士の意識の変化から」『藤女子大学人間生活学部紀要』第54号、77-78頁、2017年

その一方で、研修会で他園の同じ立場の人と交流するなかで、自園のよさや自分の置かれている立場が恵まれていることに気づくなど、情報交換によって意欲が向上したとも述べられています。ミドルリーダー自身が悩んだ際に自分の園や自身がもつ課題について明確にし、その課題を解決していくために必要な情報を理解することが大切だといえるでしょう。また、自園の同じ立場にある保育者と情報交換を行ったり、方向性などの共有とその確認を行ったりすることで、ミドルリーダーとしての課題を乗り越えながら成長することができると考えられます。　■

ワーク

- 自園のミドルリーダーの役割にはどのようなものがあるか、整理してみましょう。
- どのようなミドルリーダーが自園にいたらよいか、さまざまな職員を思い浮かべながら考えてみましょう。
- そのようなミドルリーダーが育つために、どのような支援が必要かを考えてみましょう。

第2章　リーダーシップの理解

1 地域に開かれた幼稚園

　幼稚園教育要領「第1章　総則」の「第6　幼稚園運営上の留意事項」の2では「幼児の生活は、家庭を基盤として地域社会を通じて次第に広がりをもつものであることに留意し、家庭との連携を十分に図るなど、幼稚園における生活が家庭や地域社会と連続性を保ちつつ展開されるようにするものとする」と示されています。つまり端的にいえば、これからの時代は、幼稚園という「場」を地域社会や保護者に開いていくことが大切ということです。

　なぜ、このことを今、幼児教育において留意しなければならないのでしょうか。

　日本では1980年代以降、地域で綿々と受け継がれてきたお祭りや自主的な子ども会が存続できなくなるなど、都市部を中心に地域社会の崩壊が起きてきました。核家族化によって子育て中の家族が孤立化し、子育てがかつてないほど困難な時代になりました。その結果、人々の間に、子育ては辛いこと、割に合わないことという観念が広がっていき、ひいては少子化の遠因になっているともいえるでしょう。

　古来子どもたちは、個々の家族が属する地域社会（地域コミュニティ）のなかで育てられてきました。子どもは生まれたときから、地域の多種多様な老若男女とかかわりながら（かかわられながら）、地域独自のルールや習慣、風習や行事などを通して、唯一無二の自分という「個」を形成していったのです。ヒトは「社会的動物」といわれます。だからこそ、一人ひとりの幼児が「豊かな人生を切り拓き、持続可能な社会の創り手となる」ためには、幼児期から地域社会とのつながりのなかで育まれることが重要なのです。

　社会のなかで自律した個として人を育てるためには、まず幼児期に身近な地域社会とのかかわりをもち、多様な価値観に触れることが大切です。本来健全な地域こそが健全な幼児の人格形成の基礎を培う場となるにもかかわらず、現代では放っておくと幼児と地域がどんどん離れていってしまい、子どもにとっても親にとってもますます育ちづらくなってしまいます。こうした背景に鑑みると、幼稚園等を子

どもが育つ「地域資源」としてみたとき、幼稚園等をさまざまな形で地域に開いていくことは、幼児教育施設としての必須機能だといえるでしょう。「社会に開かれた教育課程の実現」を果たすためには、園が地域社会に開かれた存在になることが、何よりも前提となります。

写真2-1 ● 在園児に限らない地域の親子が自由に楽しむ園庭開放

② 地域資源を活用する

1）地域に出向き、地域を迎える

　幼稚園教育要領「第1章　総則」の「第6　幼稚園運営上の留意事項」の2では「地域の自然、高齢者や異年齢の子供などを含む人材、行事や公共施設などの地域の資源を積極的に活用し、幼児が豊かな生活体験を得られるように工夫するものとする」と示されています。つまり、地域のなかで幼児を教育するにあたっては、地域のもつポテンシャルは何かをつぶさに見出し活用することが重要だと書かれています。

　幼稚園等が幼児を保育するために地域資源を「掘り起こす」、その前にあらためて認識しておきたいことは、「幼稚園こそが、地域の子育てを担う重要な資源である」、ということです。この観点から幼稚園等と地域の関係性をみると、「幼稚園が地域の資源を活用する」だけではなく、「幼稚園を地域の資源として活用してもらう」という反対側の視点が浮かび上がってくると思います。つまり、地域資源を活用するということは、「幼稚園が地域に出て行く」ことと「幼稚園に地域を迎える」ことの両面から考える必要があるということなのです（写真2-2・写真2-3参照）。

　近年、園内に「コミュニティカフェ」を設ける幼稚園等が増えてきました。幼稚園等を地域の人の集いの場にする発想です。絵本を置いてブックカフェにして本格的に営業する「店舗」もあれば、地域の人にスペースを貸し出すなど、その活用方法はアイデア次第。こうした「場づくり」は、地域の人との交流を生み、地域と園とのウィンウィンの良好な関係づくりの基盤となっています。

第2章　リーダーシップの理解

写真2-2 ● 敬老の日に地域の介護老人保健施設を訪ねる

写真2-3 ● 園のカフェで開かれる町内老人会の「バル」

2) 子どもの遊び場としての地域資源

　身近な「遊び場」としては、近所の公園がもっとも活用されているかもしれません。海浜公園や河川敷公園、森林公園などは、幼稚園等の園庭よりも大きく、多様な自然体験ができる場所です。運動公園の本格的な陸上競技場で遊んだり、昨今は観客席のある体育館で運動会をする幼稚園等も増えてきました。運動会はまた、地域にある小学校を借りる場合も多いです。屋外の遊び場としては、昔から神社やお寺の境内は、子どもたちにとってなじみのある「遊び場」です。地域に遊び場を求めて園を一歩出ると、必然的に交通ルールを学ぶ機会ともなります。目的地までの道のりも単純に最短ルートを選ぶのではなく、安全性を第一に考慮しながら、子どもたちが地域を知り、地域が子どもたちを知ることも意識するとよいでしょう。

写真2-4 ● 運動公園の陸上競技場で遊ぶ

写真2-5 ● 神社の境内で遊ぶ前に参拝する

3）子どもの学び場としての地域資源

警察官による交通安全教室や消防士による幼年消防クラブなどは、地域資源を活用した子どもたちに人気の学びの機会としてなじみがあります。しかし、子どもにとって地域社会におけるさまざまな文化や伝統に触れる機会は、日々の暮らしや季節の行事や祭りのなかにあるのではないでしょうか。

例えば、「芋煮会」などの、食べることを楽しむ地域の伝統行事を、保護者や地域の人たちと一緒に園庭で開催することができます。また、そうした行事や毎日の給食、おやつのための食材を子どもたちが地域の商店に買いに行くこともできます。商店街やスーパーなどで、小銭を握りしめてお客さんになって買い物をする経験は、園での「お店屋さんごっこ」を再現するきっかけになるかもしれません。またお店では、店員さんから食材の説明を聞いたり質問したりして、素材への興味・関心を育てることもできるでしょう。

子どもが地域の日々の暮らしや行事に主体的に参加することで、「○○幼稚園の子ども」から「わが町の子ども」になり、地域の大人たちの子ども理解が進み、子どもたちがわが町を愛するようになれることが、幼稚園等が地域と連携することの意味なのだといえます。

写真2-6 ● 園庭で行う交通安全教室

写真2-7 ● お店の人から野菜の説明を興味深く聞く子どもたち

③ 保護者との連携

幼稚園教育要領の「第1章　総則」の「第6　幼稚園運営上の留意事項」の2では、「家庭との連携に当たっては、保護者との情報交換の機会を設けたり、保護者と幼児との活動の機会を設けたりなどす

第**2**章　リーダーシップの理解

ることを通じて、保護者の幼児期の教育に関する理解が深まるよう配慮するものとする」と示されています。家庭との連携のうち、単純な情報交換は、手書きの連絡帳やクラス（個人）懇談、家庭訪問、保育参観などの古典的なものから、アプリや動画サイト、SNS など ICT を用いた最新のものまで、多種多様なツールが用いられているのが現状です。それぞれのツールには一長一短があり、明確な目的と運用ルールのもとに活用することが大切です。

　そして近年は、先に述べた子育ての孤立化や困難さに応えるために、幼稚園等の活動に積極的に参加・参画するよう保護者に促す機会を設けたり、子育てを豊かに楽しめるような子育ての支援や、親が楽しむための居場所や活動を園がつくっていったりすることが重要になってきています。特に、幼保連携型認定こども園の場合は、子育ての支援は必須機能であることから、地域の子育て支援を行う役割を、より主体的に担うことが必要となります。

1）保護者の保育参加・参画

　保護者を単なる参観者ではなく、保育の参加者として招き入れることは、幼稚園等の保育や子ども理解を大いに推進してくれます。実施に際しては、保育者が保護者の評価を気にしたり萎縮したりすることのないように、園から目的や意味を事前に十分に説明しておくことが肝要です。また、現場の保育者に対する理解を置き去りにすることなく、園内で十分な合意形成を図ったうえで導入しましょう。保護者は、慣れてくると行事などの

写真2-8 ● 園に常設の未就園児 0 ～ 2 歳児親子のための「ひろば」

写真2-9 ● 遠足で園児を引率する育休中の父親

写真2-10 ● 在園児保護者が新入園児家族をもてなす「BBQ」（園主催）

際の「保育補助」として欠かせない頼りになる存在となります。そうして園が積極的に保護者に保育を開くことによって、園と保育者との関係性はよりよくなっていき、保護者の子ども理解につながり、ひいてはまたとない子育ての支援となるのです。

2）休日の保護者参加活動

　保護者と幼稚園等が連携を深めたいときに有効な場は、保育場面だけに限りません。休日に行う園主催の親子向けの活動や、園の資源を用いた保護者主催のイベントも、園と保護者との距離を確実に縮めてくれます。ただし、ひとりよがりな企画ではなく、保護者が子どもとともに楽しめる活動でなければなりません。また、これには保育者の参加を強制することは厳禁です。保育者の自発的な活動以外は、休日出勤となりますから、十分な合意形成が必要です。

写真2-11 ● 園庭でテントを張って親子で1泊2日を過ごす「園庭キャンプ」（園主催）

写真2-12 ● 現地集合で低山を歩く「親子ハイキング」（園主催）

写真2-13 ● 園庭で地域の人をもてなす「親父アウトドアフェスタ」（保護者主催）

写真2-14 ● 保育者の手作り小物やお菓子を地域の人に販売する「てづくり市」（保育者主催）

3）多様化する保護者との連携

　幼稚園等が直接的に保護者に支援できることには、さまざまなものがあります。単に子育て相談だけが支援ではありません。

　とりわけ、保護者の人としてのウェルビーイングを高める支援を図ることは、これからの時代に大切になってくるでしょう。子育て情報を提供するだけでなく、子育てや家族を中心テーマにしながら、人としての生活の質を高めるための情報や体験を提供することが、地域の幼児教育センターや生涯教育の場として大切になってきます。

　例えば、前述したような保護者が自分の得意なことを生かした表現の場を設けるとか、保護者同士が仲間になれるサークル活動やサロンの場づくりもその一つです。子育て中にも自分の楽しみをあきらめない生き方を支援する「余裕」が、これからの幼稚園等のマネジメントのポイントになります。近年、盛んになってきたファシリテーションスキルを学んだ園のスタッフがいれば、保護者が親という役割から解放され、一人の私として日々を振り返り、仲間と語らうことのできる場づくりを行えるといいでしょう。メンタルヘルス面の支援では、外部スタッフとしてキンダーカウンセラー（臨床心理士）を起用することも一般的になってきました。

　そして、保護者支援の活動で大事にしたいことは、あくまでも主体を保護者に置くことです。保護者が「お客さん」となって園からの「サービス」を受けて満足してもらうことが目的ではありません。園が場をつくり、モデルを示したりきっかけを与えたりして、最終的に保護者や地域住民が主体的に自分自身の目的のために動き出すことが大切なのです。保護者支援の究極の目的は、園にかかわる人たちの間にわが町への愛着が醸成され、地域に新しい価値が生み出されていくことだといえるでしょう。■

写真2-15 ● 園のスタッフがファシリテーターの保護者向けワークショップ

- 地域社会が損なわれると、幼児の育ちにどんな影響があるのかを考えてみましょう。
- 自園のある地域には、どんな「資源」があるのかを考えてみましょう。
- 地域に出て行って活用できる資源、地域を迎え入れて活用できる資源とは何かを考えてみましょう。
- 保護者との連携で新たにやってみたいことを考えてみましょう。

災害拠点としての幼稚園・認定こども園

　近年、気候変動のせいか、頻繁に自然災害に見舞われるようになった日本列島。幼稚園・認定こども園を地域の資源ととらえると、災害時には地域の避難所として活用できるような機能を、平時から備えておくことも、これからの地域連携のメニューとして考えておきたいものです。

　太陽光発電と蓄電池の設置により、地域が停電した際にも電気を自家供給できること。水やお米などの食糧から、調理や暖をとるための薪、資材や道具の備蓄。そして万が一に備えて保護者が主体的に避難行動を取り、スタッフとして協働できる体制を整えておく。日頃から開かれた園となっていることは、災害時には拠点となって地域住民や保護者が結集し、協働して地域の支援活動ができる機能をもてることでもあります。

　地域のなかでまちづくりの一端を担う施設となる自覚が、地域とともにある園のマネジメントにとっては重要な視点です。

●年間を通して備蓄している薪

▶ 秋田喜代美・淀川裕美・佐川早季子・鈴木正敏「保育におけるリーダーシップ研究の展望」『東京大学大学院教育学研究科紀要』第56巻、283-306頁、2017年
▶ 今井和子『主任保育士・副園長・リーダーに求められる役割と実践的スキル』ミネルヴァ書房、2016年
▶ イラム・シラージ、エレーヌ・ハレット、秋田喜代美監訳『育み支え合う 保育リーダーシップ──協働的な学びを生み出すために』明石書店、2017年
▶ 菊池奈津美・中村章啓『保育リーダーの教科書：楽しみながら成長できる』中央法規出版、2021年
▶ 厚生労働省「子どもを中心に保育の実践を考える〜保育所保育指針に基づく保育の質向上に向けた実践事例集〜」2019年
▶ 今井和子・近藤幹生監、鈴木健史編著『MINERVA 保育士等キャリアアップ研修テキスト 7 マネジメント』ミネルヴァ書房、2020年
▶ ジリアン・ロッド、民秋言監訳『保育におけるリーダーシップ──いま保育に求められるもの』あいり出版、2009年
▶ 野澤祥子・淀川裕美・佐川早季子・天野美和子・宮田まり子・秋田喜代美「保育におけるミドルリーダーの役割に関する研究と展望」『東京大学大学院教育学研究科紀要』第58巻、387-415頁、2018年
▶ 諏訪きぬ監、戸田有一・中坪史典・高橋真由美・上月智晴編著『保育における感情労働──保育者の専門性を考える視点として』北大路書房、2011年

組織目標の設定

組織目標の設定と振り返り・評価
——カリキュラム・マネジメントとしての園評価

● 園運営におけるカリキュラム・マネジメントの意義を理解する
● 自園の実情に応じた目標設定の重要性を理解する
● 園組織の目標設定と評価の方法を理解する

1 園運営とカリキュラム・マネジメント

　園組織の運営において、今日、より一層重視されてきているのは、①遊びのなかの学びを連続的にとらえ、教育課程の実現を通して保育の質の向上を図ること、②社会に開かれた教育課程を、社会との連携および協働により実現していくこと、そして、③目標、教育活動その他の園運営について、組織として振り返りや評価を行い、改善していくという視点です。

　一人ひとりの保育者が個人として、自らの保育を振り返り、改善していくことは、保育の質の向上には欠かせません。しかし、組織として目指すべき目標を共有しなければ、各々が別々の方向に向かってしまい、園全体にかかわる難しい課題には対処していけません。幼児教育は、小学校教育のように整理され、教科ごとに構造化された学習内容を順番に指導するのではなく、幼児の主体的な遊びや生活を通した総合的指導や援助が行われていきます。また、意図的・計画的な教育でありながら、幼児の主体性の発揮や発達的ニーズに応じて柔軟にねらいや内容を変化させ、創発的に新たなねらいや内容を生成していく営みなので、個人の教育観や発達観、経験によって大きな違いが生じやすい営みです。保育者間で子どもへのかかわり方や考え方が大きく異なったり、内面で相互にそれらを批判し合ったりすると、学び合ったり、協働することはできません。日々の教育・保育実践と教育課程や指導計画、園の資源等との一体的な評価と改善を園全体として行っていくことにより、複雑多岐にわたる課題の解決や保育の質の向上につながります。このプロセスを「カリキュラム・マネジメント」といいます。園のリーダーは、これらの意義や実際のプロセスを園全体の保育者間で共通に理解し、前向きに行うことができるように説明したり、やり方を工夫したりすることが求められます。

自園の実情に応じた目標、評価項目、評価スケジュール

　幼稚園等施設においては、保育の質を向上させるために、教育課程および運営等の計画と評価がより一層、重視されています。幼稚園の教育活動その他の園運営の状況の評価については、幼稚園における学校評価（以下、園評価）が行われてきています。しかし、園評価の自己評価は、しなければならない義務であることから、すること自体が先行し、その意味や目的意識が薄れ、園の教育活動や運営の改善や向上に結びつきにくいことが指摘されています。具体的な課題としては、①園評価の目標が、園の実態や園独自の目標や運営計画に即しておらず、保育実践の改善に結びつきにくいこと、②実施のプロセスでの進行管理ができていないこと、③評価項目や評価の視点が適切とはいえないことがあげられます[1]。園評価の自己評価は義務になっていますが、その内容や方法まで規定されていません。園のリーダーは、その園の実情に応じて、重点目標を設定したり、1年間の園評価のスケジュールを確認したり、園の教職員全員で評価項目を考えていくなどの工夫をする必要があります。評価の目的や意義、評価スケジュール、評価項目・指標を考える際に参考となる例は、文部科学省「幼稚園における学校評価ガイドライン」（平成23年改訂版）、その他の園評価のガイドライン、また、保育の質を測定するスケールなどがあるので、参考にするとよいでしょう。

 園評価の種類と進め方

　園評価の目的は、①園運営の状況や教育活動の成果を検証し、園として組織的・継続的な改善を図ることのほかに、②評価の実施やその結果の説明や公表により、適切な説明責任を果たすこと、③その結果に応じて課題を改善することにより、一定水準の教育の質を保障し、向上を図ることです。幼稚園は、幼児教育・保育の専門的施設として、近隣地域やより広い社会に対して、その営みの意義や実際を説明することが、社会に開かれた教育課程が重視される今日、ますます重要になってきています。

　園評価は、自己評価、幼稚園における学校関係者評価（以下、園関係者評価）、第三者評価に分けられます。自己評価は、園評価の最も基本となるもので、園長のリーダーシップのもとで、園の全教職員が参加し、設定した目標や具体的計画等の達成状況や、達成に向けた取り組みの適切さ等について行う評価です。図3-1に示す通り、目標（Plan）—実行（Do）—評価（Check）—改善（Action）のPDCAサイクルで実施していきます。保護者アンケートは、園関係者評価ではなく、自己評価の参考にするものです。保護者代表や地域住民等、日頃より園の運営を支援している園関係者による園関係者

1）　小松郁夫「学校評価はなぜ停滞していたのか？」『教職研修』570号、18-21頁、2020年

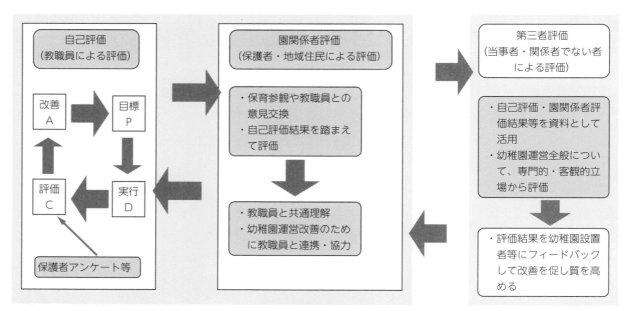

出典：神長美津子・岡上直子・安達譲「幼稚園における学校関係者評価委員の研修プログラムの作成及び検証」DVD「学校評価とは？」2010年を一部改変

図3-1 ● 園評価の関係図

評価は、保育参観や、自己評価の結果報告書等を踏まえた意見交換等を通して行われます。園関係者評価委員には、自己評価結果を報告書に基づいて詳しく説明します。なぜなら、園が何を目指し、何をどのように頑張ろうとしているのかを理解してもらったうえで、関係者として評価してもらうことが必要だからです。園関係者は、園内の当事者と、第三者の中間にあって、園外の立場にありながらも、よりよい園運営をともに考え、サポートしてくれる「園の応援団」のような存在です。自己評価は園として行わなければならない義務であり、園関係者評価は義務ではありませんが、行うことが望ましい努力義務とされています。公開保育を応用して園関係者評価を行う方法もあります（第3節参照）。さらに、必要であると判断された場合には、第三者による評価も行われます[2]、[3]。第三者評価は、自己評価と園関係者評価の報告書を活用して行われます。

　図3-2は、園関係者評価の進め方のイメージ例です[4]。この表には、自己評価および園関係者評価、ならびにそれらに伴う一般の保護者対象の活動や、設置者による支援・改善が、時系列で示されています。これらはあくまでも一例であって、実際には、園の実情に応じて無理のない目標設定や評価スケジュール等を考え、実践していくことになります。

　図3-2では、まず、①園評価を行おうとする年度の前年度末までには、園運営において重点的に取り組む目標をあげ、それらを達成するおおよその時期を定めます。次に、②それらをもとに、翌年度の達

2）　岩立京子「質の高い学校関係者評価のための足場づくり――学校関係者評価委員の研修プログラムの例から」『初等教育資料』No.863、92-99頁、2010年
3）　神長美津子・岡上直子・安達譲「幼稚園における学校関係者評価委員の研修プログラムの作成及び検証」DVD「学校評価とは？」2010年
4）　文部科学省「幼稚園における学校評価ガイドライン（平成23年改訂版）」2011年

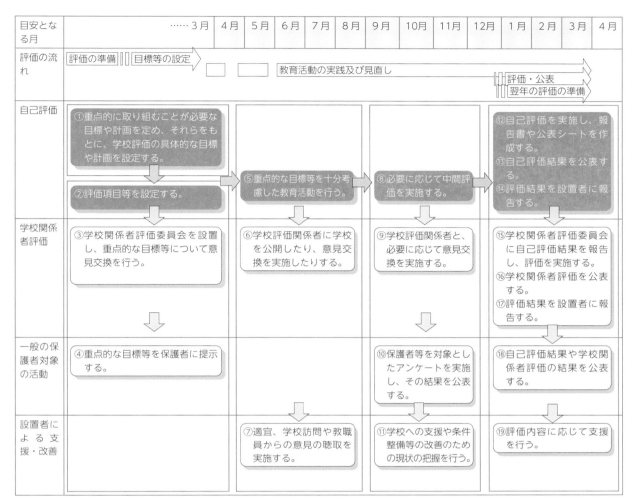

目安となる月	…… 3月	4月	5月	6月	7月	8月	9月	10月	11月	12月	1月	2月	3月	4月
評価の流れ	評価の準備 ‖‖ 目標等の設定			教育活動の実践及び見直し						評価・公表 翌年の評価の準備				
自己評価	①重点的に取り組むことが必要な目標や計画を定め、それらをもとに、学校評価の具体的な目標や計画を設定する。 ②評価項目等を設定する。		⑤重点的な目標等を十分考慮した教育活動を行う。				⑧必要に応じて中間評価を実施する。			⑫自己評価を実施し、報告書や公表シートを作成する。 ⑬自己評価結果を公表する。 ⑭評価結果を設置者に報告する。				
学校関係者評価	③学校関係者評価委員会を設置し、重点的な目標等について意見交換を行う。		⑥学校評価関係者に学校を公開したり、意見交換を実施したりする。				⑨学校評価関係者と、必要に応じて意見交換を実施する。			⑮学校関係者評価委員会に自己評価結果を報告し、評価を実施する。 ⑯学校関係者評価を公表する。 ⑰評価結果を設置者に報告する。				
一般の保護者対象の活動	④重点的な目標等を保護者に提示する。						⑩保護者等を対象としたアンケートを実施し、その結果を公表する。			⑱自己評価結果や学校関係者評価の結果を公表する。				
設置者による支援・改善			⑦適宜、学校訪問や教職員からの意見の聴取を実施する。				⑪学校への支援や条件整備等の改善のための現状の把握を行う。			⑲評価内容に応じて支援を行う。				

※矢印の方向性は評価を行う際の順序を示すものであり、各項目の関係性を示すものではない。
出典：文部科学省「幼稚園における学校評価ガイドライン（平成23年改訂版）」2011年

図3-2 ● 園評価の進め方、支援・改善の例

成目標や内容、プロセス等を評価する園評価の目標や計画を設定し、具体的な園評価項目を作成します。また、③努力義務となっている園関係者評価の委員を人選し、依頼し、委員会を設置します。さらに、④園として重点的に取り組む目標を保護者に提示します。このように前年度末までに①～④までのことをしておくことが望ましいのですが、通常、年度末は教職員が忙しく、時間が取れないことが多いので、前年度の後半から取り組みをスタートさせるのがよいでしょう。

　4月からは、重点目標を考慮した教育活動を行い、日々の振り返りや改善を重視するとともに、年度途中に必要に応じて中間評価、年度末に自己評価を行い、その報告書を作成、調査結果を公表します。

園関係者評価委員には、園や保育を公開し、意見交換の場を設け、園をよく理解してもらったうえで、自己評価報告書に基づいて評価してもらいます。

　保護者には、園の重点目標を理解してもらったり、園運営や子どもの姿等に関するアンケートを実施し、自己評価に反映させます。また、園の設置者も、教職員からの意見を聴取したり、現状の把握を行ったり、評価内容に応じて支援を行うなどして、園評価が園運営の改善につながるように支援を行うことが重要です。

　このような進め方を参考にして、自園の実情に応じた実施内容、スケジュールを設定するとよいでしょう。前年度からの準備に基づいて、新年度から園評価の取り組みを開始しますが、リーダーが園評価の計画を把握し、ペースメーカーの役割を果たし、ミドルリーダーは、リーダーと保育者間をつなぎながら、カリキュラム・マネジメントとしての園評価を円滑に進める役割を果たせるとよいでしょう。

4　自園の教育目標等の設定と評価項目

　園評価において最も重要なのが、園の教育目標の設定です。保育者全員で話し合い、記録やドキュメンテーション等の資料を見ながら、1年間の教育・保育を振り返り、園のよさと課題を抽出していきます。保育者全員で話し合い、決めていきますが、まずは、図3-3のように自園の建学の精神や園の教育目標を踏まえた教育課程編成の重点等をもとに、取り組む必要がある目標を設定します。そこから、より具体的な評価項目、評価指標や基準を設定していきます。

　園長、主任その他のリーダーには、組織としての園運営の評価の重要性や目的を保育者に伝え、全保育者の話し合いのもと、自園にふさわしく、保育者が納得できるような園評価の項目や指標を設定し、その実施と改善を通して、組織的かつ計画的に保育の質の向上を図ることが求められています。

　表3-1は、各園や設置者において、評価項目・指標等の設定について検討する際の視点の例を、領域ごとに示したものです。これらを参考にして、各園の重点目標等を達成するために、必要な項目・指標等を設定することができます。領域は、①教育課程・指導、②保健管理、③安全管理、④特別支援教育、⑤組織運営、⑥研修（資質向上の取組み）、⑦教育目標・学校評価、⑧情報提供、⑨保護者・地域住民との連携、⑩子育て支援、⑪預かり保育、⑫教育環境整備などがあげられていますが、これら以外の領域も、これらの複合領域も考えられるかもしれません。

　園評価は、いくつかの限られた項目のみを評価すればいいというものではなく、教育活動や運営全般にわたって全方位的に行われることが望ましいといわれています。しかし、これらすべての項目を同時に評価することはできませんし、その必要はありません。重要なことは、自園の重点目標を実現してい

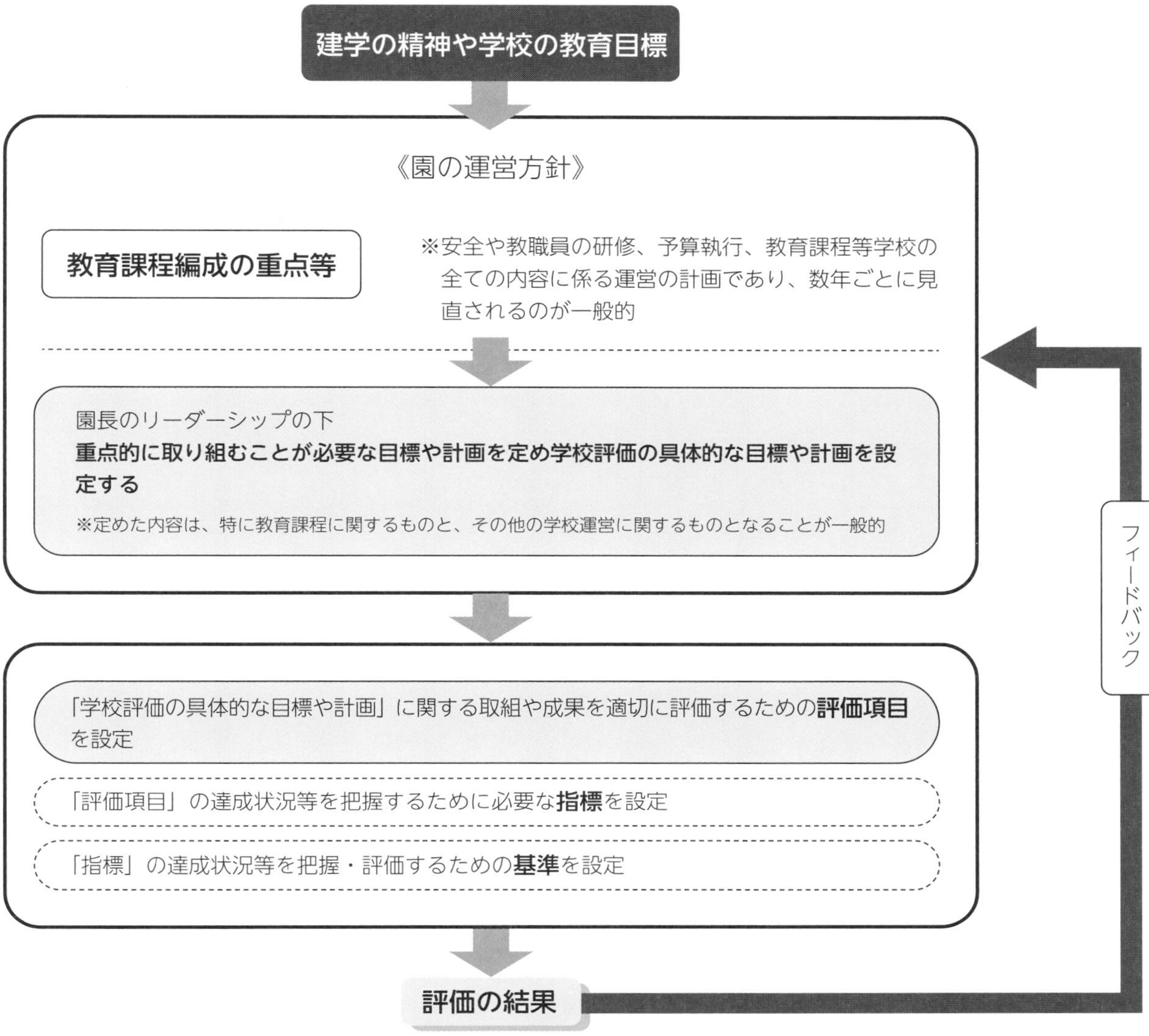

建学の精神や学校の教育目標

《園の運営方針》

教育課程編成の重点等

※安全や教職員の研修、予算執行、教育課程等学校の全ての内容に係る運営の計画であり、数年ごとに見直されるのが一般的

園長のリーダーシップの下
重点的に取り組むことが必要な目標や計画を定め学校評価の具体的な目標や計画を設定する

※定めた内容は、特に教育課程に関するものと、その他の学校運営に関するものとなることが一般的

「学校評価の具体的な目標や計画」に関する取組や成果を適切に評価するための**評価項目**を設定

「評価項目」の達成状況等を把握するために必要な**指標**を設定

「指標」の達成状況等を把握・評価するための**基準**を設定

フィードバック

評価の結果

- 重点的に取り組むことが必要な目標や計画は、教育課程に関するものと、その他の学校運営に関するものが考えられる。実際には教育課程に関するものに偏りがちなので、留意する必要がある。
- 評価の結果は、「教育課程編成の重点」をはじめ「運営方針」の見直しのきっかけとなることが考えられる。それらをもとに翌年度の重点的な目標等を設定する必要がある。
- 「指標」や「基準」は必要に応じて設定するものであり、園長と教職員の内容を、実情に応じて別々に設定することも考えられる。

出典：文部科学省「幼稚園における学校評価ガイドライン（平成23年改訂版）」2011年

図3-3 ● 園の教育目標等と重点的に取り組むことが必要な目標や計画、評価項目等の設定の関係例

第**3**章 組織目標の設定

表3-1 ●評価項目・指標等の領域
（自己評価・園関係者評価）

領域の例
①教育課程・指導
②保健管理
③安全管理
④特別支援教育
⑤組織運営
⑥研修（資質向上の取組み）
⑦教育目標・学校評価
⑧情報提供
⑨保護者・地域住民との連携
⑩子育て支援
⑪預かり保育
⑫教育環境整備

出典：文部科学省「幼稚園における学校評価ガイドライン（平成23年改訂版）」2011年

表3-2 ●評価項目・指標の例（「1　教育課程・指導」領域の評価項目・指標の例）

①教育課程・指導
・建学の精神や教育目標に基づいた幼稚園の運営状況
・幼稚園の状況を踏まえた教育目標等の設定状況
・幼稚園の教育課程の編成・実施の考え方についての教職員間の共通理解の状況
・園行事の管理・実施体制の状況
・教育週数、1日の教育時間の状況
・年間の指導計画や週案などの作成の状況
・幼小の円滑な接続に関する工夫の状況
・遊具・用具の活用
・ティーム保育などにおける教員間の協力的な指導の状況
・幼稚園教育要領の内容に沿った幼児の発達に即した指導の状況
　・環境を通して行う幼稚園教育の実施の状況
　・幼児との信頼関係の構築の状況
　・幼児の主体的な活動の尊重
　・遊びを通しての総合的な指導の状況
　・一人一人の発達の特性に応じた指導の状況　など

出典：文部科学省「幼稚園における学校評価ガイドライン（平成23年改訂版）」2011年

くためには、どの分野のどの項目・指標を見ていく必要があるのかを保育者が話し合い、合意のもとで決めていくことです。例えば、このなかから、「①教育課程・指導」という分野のなかの「幼稚園の状況を踏まえた教育目標等の設定状況」という視点で重点的に振り返り、評価したい場合、今日、重視されている「幼児期の終わりまでに育ってほしい姿」が教育課程や教育目標に反映されているかを評価し、改善していくこともできるでしょう。また、新任教諭が複数いるので、保育実践にかかわる「幼稚園教育要領の内容に沿った幼児の発達に即した指導の状況」について、重点的に振り返り、評価を行うことで、保育の質を高めたいということもあるかもしれません。園評価は、個人というよりは組織として、教育課程をもとに自園の保育のよさや課題を評価し、よさを伸ばし、課題を改善するためのものです。そのプロセスで保育者同士が学び合い、保育の質を園全体で高めることができ、その結果を地域や社会に発信していくことで、信頼を得ることを目指しています。園評価を通して、カリキュラム・マネジメントのサイクルをつくり、共同体としての園力を高めていくことが今、求められています。　■

● 日々の保育実践を振り返り、保育者一人ひとりが感じている園のよさや課題をあげてみましょう。それらをまとめて、園の課題と改善すべき目標を抽出してみましょう。

● 教育課程や指導計画を見直し、上記のワークで抽出された課題が、これまで行ってきた園評価の重点項目や評価項目にあるかどうか、ない場合には、評価項目を修正していくのかについて、グループごとに話し合ってみましょう。

　その際、課題には、短期的に改善できるものと、数年をかけて改善していくものがあることにも留意しましょう。

- 小学校以降の教科指導とは異なる「保育（援助）」の特徴について学ぶ
- 「保育（援助）」における「目標設定」について学ぶ
- 「保育（援助）」における「振り返りの実践」について学ぶ

❶ 「保育（援助）」は「教科指導」とは異なるということ

　小学校における各教科の指導（授業）が一般的に「教授＝学習過程」と呼ばれるのに対し、保育は「援助」と呼ばれます。また、小学校学習指導要領の各教科の「ねらい」や「内容」は極めて具体的に書かれていますが、幼稚園教育要領、保育所保育指針、幼保連携型認定こども園教育・保育要領のそれは、およそ具体的ではなく、非常に抽象的なものとなっています（例えば、小学校の国語という教科においては、「平仮名及び片仮名を読み、書くとともに、片仮名で書く語の種類を知り、文や文章の中で使うこと」といったような記載であるのに対し、幼稚園教育要領では、「日常生活の中で簡単な標識や文字などに関心をもつ」といったような記載となっています）。どうしてでしょう。

　実は、これまで「教科指導」は、「知識」や「技能」の「伝達」に主眼が置かれていました（もちろん今もその重要性に変わりはありません）。しかし、保育では「自発性」「自主性」「主体性」「情緒安定性」「問題解決能力」などといった、いわゆる非認知型能力を育成することに主眼が置かれています。「あの子は私が伝えたとおり動いている。何て自発的で主体的なのだろう」といった言い方が成り立たないことは明白です。

　「自発性」にしても「主体性」にしても、いわゆる非認知型能力を育成しようとするためには、その子どもにとっての状況や文脈を無視し、こちらが事前に「伝達」する「内容」を定め、それを「教えること」で身につけさせることは非常に困難だと言わざるを得ません。ですから、非認知型能力の育成に主眼が置かれる「保育（援助）」においては、いわゆる小学校の「教科指導」のような形で子どもを育むのではなく「遊びによる教育」「環境による教育」といった形で子どもを育むことになるのです。

　本書を手に取られている保育者のみなさんは、自らの研鑽のためのみならず、各園において若手の保育者を育成するリーダーとしての立場が求められている方が少なくないのではないかと推察します。小学校以降の長い期間、伝達型の授業を受けるなかで「学習する（学ぶ）こと」イコール「教えられたこ

とを覚えること」ととらえてしまってきた若手の保育者は決して少なくないと思われます。また、養成校に身を置く教員として自戒の念を込めて述べるとすれば、いまだに多くの幼稚園や保育所、認定こども園での実習指導において、子どもの実態に即して指導案を立案するという責任実習を行うことより、子どもの生活（興味や関心）とは無関係な、例えば玩具の制作等を、一斉形態でただ時間内に滞りなく作らせるといった、いわば大人が子どもに伝達するための「指示書」「手順書」のような指導案を書くことを養成課程において指導されてきた学生たちも決して少なくないと思われます[*1]。

子どもにふさわしい生活に即した意図的な活動を展開することの重要性は、幼稚園教育要領（解説）等には明確に示されていますから、当たり前のこととして養成課程のなかで学んできたはずです。にもかかわらず、残念なことに先のような実態で入職してくる若い保育者が少なからずいるなかでは、「教科指導」とは異なる「保育（援助）」について、改めて確認し、伝えることが求められているといえるでしょう。

② 「保育（援助）」において「目標」を「設定」するということ

保育は教科指導とは異なると前項で述べました。では、何がどう異なっていて、若手の保育者に伝えていかなければならないこととは何なのでしょう。

図3-4を参照してください。この図は、「保育（援助）」の「構造（構成要素）」とそこに付随すると考えられる保育者の「専門性」を筆者が整理したものです[5]。「子ども理解」に基づき「ねらい（目標）」を設定し、「手立て」を考え実施する。この一連の実施プロセスが「保育（援助）」であり、それを構想することが、指導計画の立案にほかなりません。

ところで、先に幼稚園教育要領等では「ねらい」や「内容」は抽象的に書かれていると述べました。しかしこのことは、日々の保育において保育者が「ねらい」や「内容」を抽象的にとらえ実践している、ということを意味するものではありません。むしろ、個々の子どもへの具体的な援助の場面や、日案・週案といった短期の指導計画を考えるレベルにおいては、保育者は極めて具体的に「ねらい」や「内容」を意識する必要があります。では、その具体性はいかにして担保されるのでしょうか。

1）保育における「目標設定」の基本：「下からのねらい」

図3-4では、「ねらい／目標」が「下からのねらい」と「上からのねらい」の２方向から「設定」されていることが示されています。すでに述べたとおり、保育は非認知型の能力の育成が主眼となります。「遊びによる教育」が教育方法として支持されるのは、次のような子どもの姿があるからと考えられます。

＊1 小学校の責任実習では、使用する指導案の書式は基本的に現場に入って使用するものと同一です。また、指導する授業内容も、実習生が来ていなければ、その内容は担任の教員が指導します。
　保育者に尋ねてみると、大半の保育者が実習時に作成した形式で現場の指導案を書いていませんし、また、担任として取り上げない玩具の制作を、しかも自園の保育形態としては制作活動では通常採用しない、一斉形態での責任実習を実施している、と話される現場は決して少数ではありません。
　仮に大学から指定された諸書類の書式がそうであったとしても（それが「大学からの実習依頼事項」であったとしても）、また、それが「学生の希望」であったとしても、現場の実務を学ぶ場であるとすれば、こうした現状について養成校と保育現場の間では検討を重ねていく必要があるでしょう。

5）岡健編著『演習　保育内容「環境」──基礎的事項の理解と指導法』建帛社、9頁、2019年

○子どもが自らやりたいことを決め、それに取り組み、うまくいかなくても試行錯誤を繰り返すなかで、やりたいことを成し遂げる。

○そのことは、「オレ、やった!!」「できた!!」というような自己肯定感を育むことに結びつく可能性が高い。

○こうした感覚はさらに、「確実にできるようになるまで繰り返す」「次は、さらにこうしてみよう」といった新しい展開へと、活動（遊び）が連続していくことにつながっていく。

○また、当該の活動（遊び）が友だちと取り組む活動（遊び）であれば、そこには他者の気持ちへの理解や、そのことへの調整、協力・協働等についても経験することになる。

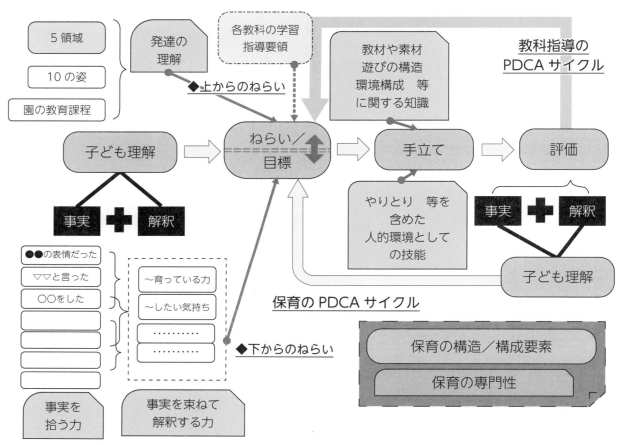

出典：岡健編著『演習　保育内容「環境」——基礎的事項の理解と指導法』建帛社、9頁、2019年を一部改変

図3-4 ● 保育の構造（構成要素）と専門性

かつて小川博久は、保育における「ねらい」は原則的に、子どもの「ねらい」を大人がなりかわって立てたものであること、そのために「子ども理解」とは、「子どもの志向性」を探り当てることにある点を指摘しました[6]。非認知型能力の育成を主眼とする保育における「目標／ねらい」は、子どもの「やりたい」という気持ちや心の動きに基づいて「設定」される必要があること。この原則を明確に示したのが「下からのねらい」にほかなりません。

2）「事実」に基づいて「解釈」することの重要性

ところで、保育者は当該の子ども本人ではありません。したがって「子ども理解」における「下からのねらい」は、保育者（大人）の「解釈」を前提にしていることを免れ得ません。つまり、子どもの「ねらい」を大人がなりかわって設定する以上、その「解釈」の妥当性は絶えず問われることになります。このときに重要になるのが、妥当性を担保するための「事実」の集積です。

例えば、医療行為で考えてみましょう。体温が37.5度で病院に行って医師にその旨を伝えたら、「今、インフルエンザが流行っているので、あなたもきっとインフルエンザでしょう。なので、タミフルを処方します」と言われたとして、あなたはこの医師を信用するでしょうか。喉の視診は？　胸の音は？　頭痛、関節痛、吐き気や下痢の確認は？　いつからの発熱で経過はどうなっているか確認しなくて大丈夫？　それこそインフルエンザと診断するのであればその検査はどうなっているの？　等々、「専門家」としての医師であれば、これらの確認を怠らないのではないでしょうか。「事実」の一つひとつの積み重ねから「診断」（すなわち「解釈」）を確定させることは、極めて当たり前なことです。

保育が専門的な営みである以上、このことは同様に考える必要があります。「事実」に基づかない「解釈」は「思い込み」や「印象」という誤り（そし）を免れ得ません。「事実」を「根拠」として積み重ねるという営みが、「解釈」の妥当性を担保するものとなります[*2]。ただ、ここに改めて確認しておかなければならない点もあります。それは、同一の場面に立ち会ったとしても、見えている「事実」は異なる可能性があること。つまり「事実」は誰にでも等しく拾えるものではないということです。

これも医療行為を例に考えてみましょう。例えば、研修医でもわかる影のある胸部X線写真を見たとして、私たち素人がそこに確信や根拠をもって影を見出すこと、いわんやそこから病気を推認することは可能でしょうか。おそらく答えは「否」です。「専門性」をもつということは、当該場面、当該事例の文脈のなかで必要と思われる「事実」を適切に拾い出せる能力をもつ、ということが不可欠です。

言い換えれば、見えていない人（例えば若手の先生や実習生）に、ただ「よく見て」といったところで、見るように（気づけるように）はなりません。同一の子どもについて共有できる園内での研修において、専門性をもつ人の「気づき」のプロセス（当該場面から「解釈」の根拠となる「事実」を取り出す営み）に随伴して「学び」を深めること。この「場」の共有を可能にすることこそが、まさに対面に

---

*2　最近、実践や研修の道具として「写真」等を用いることが増えてきています。エピソードが記載者の記憶に依拠せざるを得ないため、多様な「事実」を拾うことが難しいという短所があります。写真はその場を具体的に想起し得る多様な情報（すなわち「事実」）を提示する可能性をもつという意味で、「解釈」の妥当性となる「根拠」（事実）を当該場面を共有しなかった人にも発見・検証できる可能性を開くという意味で、有効な「道具」の一つといえるでしょう。ただし、逆にその意味から考えれば、写真から何を「事実」として拾い、それを「根拠」としているのかを明示せず、ただ写真の枚数を重ね、あたかも量によって説得しようとすることは、厳しい言い方になりますが、「事実」もどきを提示しているのみで、「解釈」と「事実」の関係を吟味するものにはなり得ないといえるでしょう。

6）小川博久「第3章　保育において教育課程・指導計画を立てる意味」『保育援助論（復刻版）』萌文書林、71-96頁、2010年

よる園内研修のメリットといえるでしょう[*3]。

　研修の場（状況）を、継続的に内部（自園内の日常的な保育の営みの延長線上）に作り出し、その仕組みを継続的に機能させる役割。それが本書の中心的読者層として想定されている、サポート側に立つリーダーポジションの先生方の役割ということになるのです。

❸ 「目標」の設定と「教育課程」の関係

　さて、前項で「目標設定」における「下からのねらい」について中心に述べました。では「上からのねらい」は、どのように理解すればよいでしょうか。なぜ図3-4には、「要領」や「指針」、「10の姿」や「教育課程」が示されているのでしょう。

　このことに論を進める前に一つ確認をします。それは「下からのねらい」が原則であることを強調する、すなわち「目標／ねらい」は子どもの「やりたい」という気持ちや心の動きに基づいて「設定」することを指摘すると、「子どもの好きなことばかりさせていていいのか」といった意見を耳にすることがあります。では、こうした発言をどうとらえればよいでしょうか。

　既述したとおり、非認知型能力の育成を主眼とする以上、本来この原則は避けられません。ただ、この指摘の「……ばかりさせる」がもつ意味が、保育者の指導性に対する疑義であるのだとすれば、（「自由」か「放任」か、といったかつての不毛な議論に陥らないためにも）保育者が子どもになりかわって「ねらい」を立てるということの意味を、改めて確認しておく必要があります。

　例えば、砂場で型抜きをする子どもがいたとします。型抜きは活動の名称ですので、ここからは援助の方向性は見出せません。型抜きの様子をよく見れば、例えば、抜かれた砂の塊を何かに見立てることを楽しむ子どもがいて、この子どもには「もっと見立てが豊かになるように」と「ねらい」を立て、その「ねらい」に基づいて白砂をかける、花びらを飾るなどの手立てを提案することがあり得ます。

　あるいは、プリンの容器によくみられる波型の形状を、きれいに抜いてみたくて砂の水分量を調整するといった試行錯誤を楽しんでいる子に対しては、白砂をかけるのではなく、星形の形状の型や、ドーナツ型の形状の型を新たに準備したりすることがあるでしょう。この場合は、さまざまな形状の、そのそれぞれをきれいに抜くことへの試行錯誤に、もっと取り組んでもらいたいといった「ねらい」になるかもしれません。ちなみに、これらはいずれも「下からのねらい」による援助ということになります。

　しかし、もしここに型抜きの道具としてバケツを持ち込んだらどうなるでしょう。あるいはタライでは？　そうです。バケツは子どもが片手でひっくり返すことは難しく、両手でフライパン返しのようにひっくり返す必要があります。このことは自らのからだを協応させながらコントロールすることを結果

[*3] 状況や文脈を共有しようがないいわゆる講義による伝達型の外部研修や、いわんやオンライン研修では、このことを実現することは非常に難しいと言わざるを得ないでしょう。

として学ぶことにつながります。また、砂が満たされたタライを、子どもが一人でひっくり返すことは不可能です。友達に依頼し、協力してひっくり返すことが必要となるでしょう。ちなみに、求めに応じて協力した子どもは、ひっくり返すのを手伝ったらそれでいなくなるでしょうか。おそらくその子どもも、その後の遊びに加わる可能性は高いでしょう。すると、この当該の子どもは結果的に人間関係についても学んでいることになるのです。

　保育者は、子どもの育ちを全面的に支えていく必要があります。そして、そのために保育者は発達を支えるための「観点」をもって子どもの「現在（いま）」をアセスメントする必要があります。実は、改めて述べるまでもなく、こうした「観点」が領域であり、10の姿にほかならないのです。

　子どもは、好むと好まざるとにかかわらず園の環境からの影響を受けながら育ちます。園庭に実のなる木がある園とそうでない園では、子どもの活動（遊び）は異なります。当然、そこで育まれる「力」も異なるのです。当該施設で、例えば幼稚園なら3年、保育所なら6年……と生活する子どもの育ちの筋道は、学問としての発達の筋道の極めて個別・具体的な育ちの筋道となっています。いわばトップダウンとして示される学術的な発達の筋道と、日々の記録から集積されボトムアップしてとらえられた"暦"のような筋道が融合されて記されたもの、それが教育課程に記された「子どもの姿」にほかならないのです。

　しかも「教育課程」にはさらに、中教審答申で示されているような社会課題、それに地域の特性に基づく課題、子どもをともに育てるパートナーとしての保護者の思いや課題というものも含まれていることをおさえておく必要もあります。

4 振り返りの実践──保育におけるPDCAサイクルとは

　最後に本節の課題である「振り返りの実践」について述べましょう。

　図3-4を改めて参照してください。「子ども理解」に基づき「上から」と「下から」の「ねらい」と融合させて「目標」を設定し、「手立て」を構想し、実践しました。すると、その実践の結果、子どもは何がしかの行動をとることになります。それが図の右側に示した、手立て後の「事実」となります。この「子どもの事実」はどのような意味をもっているのか、それを考えることが「解釈」となります。

　これまで、この事後の「事実」＋「解釈」のことを保育では「振り返り」と呼んできました。ちなみに、教育方法学ではこの「振り返り」は「評価」に他なりません。ところで、改めて述べるまでもなく、「事実」に基づく「解釈」は「子ども理解」に他なりません。つまり、この「子ども理解」に基づき次の「ねらい」を先と同様に設定し、さらなる手立てを考える。これが保育のPDCAサイクルを意味す

るのです。

　なお、この図にあるように、いわゆる「教科指導」の場合は、「内容」が学習指導要領に極めて具体的に明示されているため、「子ども理解」をしなくとも「目標（ねらい）」を設定することが可能となってしまいます[*4]。大人が設定した「目標（ねらい）」は、伝達すべき「知識」や「技能」であり、それが定着できたかどうか（伝わったかどうか）を、テスト等で確認すること、これが評価（厳密には「総括的評価」）になります。できていなければ、もう一度教えますし、できていれば次の「内容」へと進めることになります。このように、ともすれば「子ども」が介在しなくてもPDCAサイクルが回ってしまうのです。

　若い保育者はもとより（学生は当然のことながら）、園内研修の場に赴いた際、ベテランの保育者からも「どうすればよいか」という「手立て」を教えてほしいと要望されることがとても多い現状があります。このことは、先の実習生の責任実習のあり方を含め、教授学的思考法に非常に縛られた現状が今なお根深く存在していることと無縁ではありません。

　「振り返りの実践」を考えること。それは「どうすればよいか」というやり方を単に振り返ることではありません。さもないと私のさせたいことができたかどうか、といった授業のPDCAに陥りかねません。「どうすればいいのか」の前提に「どうしたいか（ねらい）」があり、その「どうしたいか」は子どもによって導かれる（＝「子ども理解」）のです。

　繰り返しになりますが、「子ども理解」は「解釈」であり、絶えず偏る可能性を排除できません。しかも、それを支える「事実」を集積すること自体に、「専門性」が大きく関与していました。「事実」の集積をいかに行うのか。「解釈」の適切性をどのように高めるのか。こうした振り返りの実践を恒常的に実施することへの課題が、リーダー層の保育者には大きく期待されています。　　　　　■

<hr>

[*4] 教授学でいうところの「子ども理解」は、いわゆる学習に対するレディネスに近いものです。その授業を受けるための準備状況がどうなっているのかを理解するという「子ども理解」は、これまでも行われてきています。ちなみに、これを「診断的評価」といいます。なお、小学校以降で「生きる力」がいわれ、生活科や総合的な学習の時間が設定されたのは、教授学的思考法とは異なり、むしろ保育に極めて近い発想となっています。現行の学習指導要領の三つの観点のうちの「思考力・判断力・表現力」や「学びに向かう力・人間性等」は、教授学による実現が非常に困難だからです。

● 図3-4に基づき、園内研修用「対話シート」として作成したものが次のものになります。

子ども理解		ねらい	手立て	評価（子ども理解）	
事実	解釈			事実	解釈

● このシートにすでに作成したエピソードや日誌、週案等の記録を入れ込んでみましょう。
● 若い先生との日々の振り返り時に、このシートにミドルリーダーの保育者が話を聞きながら記載するのも有効な方法です。
● ちなみに、記載がない部分（語られていない部分）の吟味が重要になります。

第 **3** 節 | 振り返りを通した保育の質向上

節の
ねらい
● 保育における振り返りの意義や方法について理解する
● 公開保育を活用した幼児教育の質向上システム「ECEQ®」について理解する
● 保育を振り返ることで、自らの保育の質向上につなげることができる

① 振り返ることの重要性

　質の高い教育を実践していくためには、自らの教育について振り返り、評価し、改善していくことが重要です。「振り返る」というと過去にだけ意識を向けると考えがちですが、振り返ることで前を向くことができるとすれば、保育者は「未来のために振り返る」ことが必要なのではないでしょうか。

　子どもたちが帰った後、今日一日を振り返る時間は、保育者にとって大切な時間です。今日の保育のねらいは、ふさわしいものであったか。自分が考えた環境構成は、子どもたちの興味や関心、育ちに合っていたか。子どもたちの思いや願いを理解して、一人ひとりに応じたかかわりができていたか等、自分なりの視点をもって省察することが必要です。振り返るうえで大切にしたいことは、子どもたちの行為には必ず意味があるということです。その意味をとらえることが、明日の保育につながっていくのです。

② 振り返りの質を高めるために

　振り返りの方法としては、エピソード記録のように文章で残し考察する方法、指導案に気づいたことを書き込んでいく方法、子どもの姿を個別に記録等に残し成長を読み取る方法、ビデオや写真などを利用する方法など、さまざまな方法があります。

　ふだんは一人で振り返ることが多いですが、自らの教育を客観的に振り返り評価するためには、複数の他者の視点を取り入れるということも有効です。例えば、公開保育を活用することも一つの方法です。公開保育をし、参観者という外部の視点を導入することによって、自分とは違う多様な見方や考え方と出会うことが期待できるからです。

3 公開保育を活用した幼児教育の質向上システム「ECEQ®」

全日本私立幼稚園幼児教育研究機構では、「公開保育を活用した幼児教育の質向上システム」ECEQ®*5（イーセック）を独自に開発・実施してきました。ECEQ® という名称は、Early Childhood Education Quality System の頭文字をとったものです。現在、幼稚園・認定こども園では、このシステムを使いながら、実効性のある学校評価に取り組み、教育の質向上を行っています。

図3-5 ● ECEQ®のロゴデザイン

4 ECEQ®の目的

ECEQ® の目的の一つ目は、公開保育を実施し、外部の視点を導入することによって、より多面的で多角的な評価・改善を行うことです。ECEQ® を実施することで、自園のよさや課題に気づき、そのよさをさらに伸ばしたり、課題を解決したりするための方策を見つけていくことが期待できます。目的の二つ目は、園として、教育の質を向上し続けていくための組織風土をつくり上げていくことです。

5 ECEQ®の特徴

ECEQ® における公開保育は、従来の公開保育とは異なる特徴をもっています。その特徴としては、公開保育を含んだ五つの STEP を踏みながら、園全体で教育の評価・改善を進めること、そして、STEP 1 ～ STEP 5 までの一連の取り組みに、ECEQ® コーディネーターがかかわって支援することがあげられます。

ECEQ® コーディネーターとは、全日本私立幼稚園幼児教育研究機構が実施している養成講座を修了し、資格認定を受けた者です。この ECEQ® コーディネーターは、ECEQ® の実施園にとって指導者や助言者ではなく、実施園に寄り添いながら園内研修の支援を行い、その園が園内研修を通して PDCA サイクルを機能させるための園内のシステムや原動力を生み出すことができるように誘う伴走者です。ECEQ® コーディネーターの役割としては、取り組み全体のコーディネートをしたり、話し合いの場で

＊5　全日本私立幼稚園幼児教育研究機構のホームページより「ECEQ®紹介動画」や「ECEQ®パスポート」をご覧いただけます。

QR コード

ファシリテーションをしたりします。幼児教育の理念と実践を熟知し、ファシリテーションのスキルをもつコーディネーターがかかわることで、この取り組みの効果が高まると考えられます。

6 ECEQ®の五つのプロセス

ECEQ®は、次の五つの STEP を踏んで進めていきます。

STEP 1　コーディネーターによる事前訪問	STEP 4　公開保育
STEP 2　事前研修	STEP 5　振り返り
STEP 3　公開保育に向けての準備	

1）STEP 1　コーディネーターによる事前訪問

STEP 1 では、ECEQ®コーディネーターが複数人で実施園を訪問し、園長や主任等から園の理念や現状、課題、公開保育に期待することなどを聴き取ります。

2）STEP 2　事前研修

STEP 2 では、ECEQ®コーディネーターの進行により、「田の字法」を使ったワークを全保育者で行います。まず、自園のよさについての意見を付箋に書き、それらを田の字の形に区切った模造紙の左上のマス（第一象限）に貼って、保育者間で話し合います。同様の手順で、自園の課題、課題に対する原因、自園の目標についても第二〜第四象限に付箋を貼り、話し合いを進めます（図3-6・写真3-1）。そして、ECEQ®コーディネーターとともに、自園のよさや課題等を整理し共有します。

第一象限 ・園のよさ ・大事にしているところ ・誇れるところ	第四象限 ・目標 ・希望 ・こうなりたいというイメージ
第二象限 ・園の課題 ・悩み ・難しいと思うところ	第三象限 ・第二象限の原因 ・課題に対しての原因・不安

図3-6 ● ワークの一例「田の字ワーク」

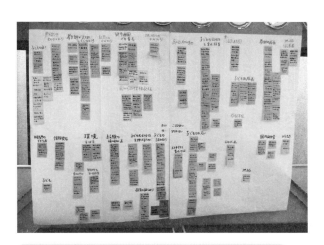

写真3-1 ●田の字ワークで整理された意見の例

3）STEP3　公開保育に向けての準備

　STEP 3 では、事前研修で出された課題を基にしながら、公開保育当日に参加者と共有したい視点を「問い」として示すことができるように、公開保育の準備をします。実はこの「問い」の存在がECEQ®の公開保育の大きな特徴です。実施園の保育者は自分たちの保育実践から生まれた課題をもとに、「保育のどこを見てほしいのか」「何を聞きたいのか」「何について議論したいのか」といったことを「問い」として参加者に投げかけるのですが、この「問い」をつくるプロセスがとても重要です。

　「問い」の文章のなかには、

1.　この時期の子どもの様子や育ちの姿
2.　保育者の願いや考えていること
3.　保育者の願いやねらいを具体的にするための環境の構成・援助・工夫・手立て
4.　参加者に聞きたいこと、教えてほしいこと

といった内容が、簡潔に書かれていますが、この「問い」の文章をつくるプロセスが、自分たちの保育を省察する機会となるのです。

　そもそも、幼児教育は子どもの姿や育ちを理解することから始まり、そこに保育者の願いやねらいを重ね合わせていくことが重要です。そして、そのねらいを達成するために環境構成を工夫したり、保育者が援助したりしていくのですが、そこには、保育者のさまざまな問いが生まれてくると考えられます。ECEQ®コーディネーターの支援を受けながら、園の保育者同士が話し合い、丁寧に「問い」をつくっていくことによって、自らの保育の課題に向き合うようになります。そのことが保育の質向上につな

がっていき、さらにその課題を他者に開かれたものとすることによって、新たな学びが生まれるのです（図3-7）。

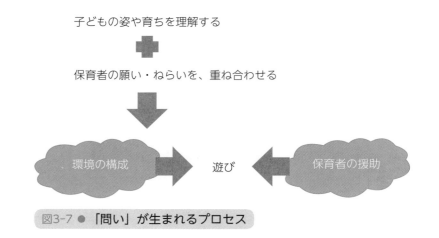

子どもの姿や育ちを理解する
＋
保育者の願い・ねらいを、重ね合わせる

環境の構成　→　遊び　←　保育者の援助

図3-7 ● 「問い」が生まれるプロセス

4）STEP4　公開保育

STEP4の公開保育当日は、ふだんどおりの保育を公開します。公開保育の参加者としては、他の園の保育者が中心となりますが、そのほか小学校の教員や地域の幼児関連施設の従事者、行政担当者、学校関係者評価委員（施設関係者評価委員）、PTAの代表者、地域の代表者など幅広く考えられます。公開保育の参加者は実施園から出された「問い」を踏まえながら保育を参観します。このことによって、実施園と参加者とが課題を共有することになります。参加者は「問い」に対する意見を付箋に書いて、各「問い」のボードに貼っていきます（写真3-2）。

　保育参観後は、ECEQ®コーディネーターが進行役となって、実施園の保育者と参加者とで協議会を行います（写真3-3）。多様な意見交換をすることで、実施園だけではわかりにくい、園のよさや課題等を見つけていくことがねらいです。「問い」という共通の課題意識をもった対話だからこそ、参加者から提示される多様な見方、考え方がより意味をもち、保育者一人ひとりの内省を促すものとなります。新たな意見、さまざまな視点からの意見を聞くことで、今まで当たり前だと思っていたことについても、今一度考える機会となったり、自分の考えだけに凝り固まらず幅を広げていくことが期待できます。意見交換によって生まれる新たな気づきや学び合いが、幼児教育の質の向上につながります。

　参観後の協議会で出された意見の例を紹介します（図3-8）。

写真3-2 ● 「問い」に対する意見が貼られたボードの例

写真3-3 ● 保育参観後の協議会の様子

実施園の 保育者の 「問い」	子どもたちが互いの考えを認め合いながら、試したり工夫したりして遊ぶ ための環境構成の工夫や保育者の援助等がありましたら教えてください。

参加者の意見

遊びのなかで子どもの言葉に耳を傾け、一人ひとりの考えのよさを認める保育者のかかわりはとてもよいと思った。

食べ物を作るためのいろいろな材料が、見やすく整理されて置かれているので、子どもたちがイメージを膨らませやすいと感じた。

レストランを本物らしくするために考えたり、工夫したりする姿が見られた。すぐに保育者が方法を教えるのではなく、子ども自身の発想で試行錯誤する経験が大切だと思う。

レストランごっこをする子どもが増えてきたため、場所が少し狭い感じになった。子どもたちと相談して遊び場を広げたり、ほかの場所を利用したりしてもよいかもしれない。

レストランのメニューを書くときに、知っている字を交代で書いていたが、わからない字があったときに、見ることができるような絵本や表などもあるとよいと思う。

他の遊びをしている子どもたちも、レストランの様子に興味をもっている様子だった。自然に交流できるような言葉がけがあるとよいと感じた。

以前、自分のクラスの子どもたちがレストランごっこをしたときには、レストランのユニフォームづくりから始めていた。子どもによって、興味をもつ部分が違うことに気づいた。

図3-8 ● 参加者からの意見の例

5) STEP 5　振り返り

STEP 5 では、公開保育を振り返り、参加者から得た意見を実施園の保育者全員でもう一度整理して、自園のよさや課題を再確認します。そして、よさをさらに伸ばしたり、課題を解決したりするための方策を見つけ出していきます。

 7 ECEQ®による対話と内省

ECEQ®の取り組みのなかには、多くの学び合いがあり、そこにかかわる人たちの対話と内省を深める仕組みがあります。実施園の保育者同士はもちろんのこと、参観後の協議会のなかでは、実施園の保育者と参加者との対話が進むことで、各自が自分の保育や考えと向き合い省みる機会となり、より深い学びへとつながっていきます。

さらには、公開保育の参加者が、公開保育での経験や学びを自園に持ち帰り、自園においても保育における同僚との対話の必要性を感じて積極的に取り組むことで、新たな学び合いが生まれるということも期待できます。ECEQ®は、周りの人と課題を共有しながら、協働して新たなアイデアや実践を生み出す仕組みであるといえるのです。

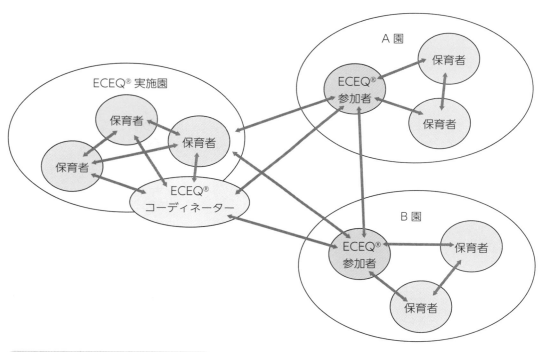

図3-9 ●ECEQ®による対話と内省

8 ECEQ®と学校評価（施設評価）

　ECEQ®は学校評価実施支援システムとしての役割ももっています。ECEQ®を実施することで、より実効性のある自己評価を行うことができるからです。STEP 1とSTEP 2によって、園の現状（よさと課題）を明らかにし、園長をはじめとして保育者全体でそれを共有することができ、STEP 3ではその課題を意識して教育を実践し、その過程で出てきた疑問点や学びたい点を基に「問い」をつくっていきます。そして、STEP 4の公開保育後のSTEP 5では、協議会で得た意見を基に、自園のよさと課題を再確認し、課題解決の方策を見つけていきます。その後は意識して取組みや振り返りを継続していき、その積み重ねた結果を年度末に評価することで、自己評価につなげていくことができます。振り返りのなかで指導の内容・方法だけでなく、指導計画を考える方向性や環境の構成、保育者の援助、保育者の連携体制（チーム保育）のあり方など、さまざまな視点から検討することで、保育者としての資質向上が図られます。

　さらにECEQ®の取組みには、学校関係者評価（施設関係者評価）としての側面もあります。特にSTEP 4の公開保育では、参加者という外部の視点が入り、「問い」を基に、参加者と課題を共有しながら、多様な意見をもらうことができるからです。学校関係者評価委員に自己評価の結果を適切に評価してもらうためには、自園のことをよく理解してもらう必要があるので、その点でも学校関係者評価委員がECEQ®公開保育に参加することはとても意味のあることだといえるでしょう。　　■

● 自分や自園の保育について、一人で振り返るだけでなく、園の保育者とともに振り返ってみましょう。「田の字ワーク」等を活用してみるのもよいでしょう。

保育の質を支える ECEQ®

　全日本私立幼稚園幼児教育研究機構では、2008（平成20）年度より学校評価の実施を促進するための研究を始め、「公開保育を活用した幼児教育の質向上システム」を開発しました。2017（平成29）年度からは、同システムの名称を、Early Childhood Education Quality System. の頭文字をとって ECEQ®（イーセック）と名づけ、全国へのさらなる普及を目指しています。

　ECEQ® と従来の公開保育とは、何がどう違うのでしょうか。ECEQ® 実施園は公開保育前後に研修を行いますが、そこに ECEQ® コーディネーターという頼れる支援者がいるということが一つ目の特長です。最初の STEP では、ECEQ® コーディネーターからの問いかけにより、自園の現在位置を保育者全員で共有することから始めます。そのなかで「皆さんの園のよさはどのようなところですか？」の問いかけに、多くの園の先生方からは「うちの園はみんな仲がいいんです」という答えが返ってきます。一方で、「皆さんの園の課題は？」の問いかけには、「なかなか全体で共有できていないことが多くて……」という声が聞こえてくることがよくあります。仲がよい間柄なら、話もはずみ、保育における話し合いも日常的に語り合うことができるはずなのに……。このように、ワークを通して自園のよさや課題を自覚することから始まるのが ECEQ® です。

　また、公開保育における「問い」の存在が二つ目の特長です。「問い」とは、ECEQ® 実施園が事前研修において自覚した自園のよさや課題から導き出した、公開保育時に参加者に見てもらいたい視点のこと。参加者には、その「問い」という窓を通して保育を見てもらい、保育見学後にはその「問い」をもとに、実施園の保育者と参加者が語り合う時間をもつのです。ECEQ® 実施園が知りたいこと、参加者から教えてもらいたいことを明確に示すことで、参加者も実施園に心を寄せて多面的な視点で保育について語り合うことができるのです。縦糸と横糸が織りなす一枚の生地のように、実施園と参加者とが保育について語り合うことが、子どもたちの幸せに、保育の質の向上につながってゆくのです。ECEQ® を実施することで、ともに学び合い、育ち合うことができ、教育の質を向上させ続けていくための組織風土をつくり上げていくことができる、保育の質を支える ECEQ® なのです。

参考文献　▶ 岩立京子「幼児教育における評価の意義」『全国幼児教育研究協会研究紀要』56、32-39頁、2007年

人材育成

第 **1** 節　保育者の成長プロセス

節の
ねらい

- 成人教育学の観点から、「大人の学び手」としての保育者の学びや成長の特性を理解する
- プロフェッショナルとして保育者の成長プロセスを理解する
- よりよい保育実践をもたらす園内の学びの共有のあり方を考える

保育者の学びの特性と専門性の獲得

1) 成人教育学にみる「大人」の学び

　子どもの成長や発達を支える保育者は、日々、人間の学びに向き合う「学び」の専門家です。当然、子どもの学びには強い関心をもっていることでしょう。しかし、自身の学びへの関心はどうでしょうか。

　成人教育学は、大人の学びの特性やメカニズムを研究する学問です。大人特有の学びの特性やメカニズムについて研究をしています。例えば、マルカム・ノールズ[*1]が体系化した「自己主導的な学習による成人学習理論」いわゆる「アンドラゴジー」では、子どもの学習理論「ペダゴジー」との比較のもと、大人の学びの特徴を示しています（表4-1）。

表4-1 ● 学習者の経験の役割の違い

ペダゴジー (pedagogy)	アンドラゴジー (andragogy)
・学習者にとっての「経験」は、学習のスタートポイントとして利用される可能性はあるが、それほど重要な価値にはならない。 ・教師や教科書、視聴覚教材を手がかりに学習する。そのため、教育の技法は、講義や読書、教材などの伝達的手法を主に用いる。	・成長や発達によって「経験」を蓄え、これを豊かな学習資源として活用する。受動的に受け取った学習よりも、経験から得た学習により大きな意味を感じる。 ・実験やフィールド実践、討論、問題解決の事例学習を中心とする経験的手法が教育の技法となる。

　そのなかで最も大きな違いは「経験」です。人生を過ごした時間を比較しても、当然、大人は子どもよりも多くの「経験」を有しています。人生のなかで成功や失敗、喜びや苦悩、達成や挫折を「経験」しています。その「経験」をもとに、自分なりの規則性やルール、考え方や思考パターン、好みや傾向

* 1　マルカム・ノールズ（Malcom S. Knowles, 1913-1997）は、*The Modern Practice of Adult Education: From Pedagogy to Andragogy*（1980）（『成人教育の現代的実践——ペダゴジーからアンドラゴジーへ』堀薫夫・三輪健二監訳, 2002）のなかで、大人のリアルな学びの実態をペダゴジーのモデルとの対比のなかで整理し、人間の成熟に伴い、①より自己決定的になること、②経験の蓄積が豊かな資源になること、③学習へのレディネスはますます社会的役割の発達課題へ向かうこと、④応用の即時性への変化、を四つの重要な考えとして示しています。

を獲得していきます。自分にとっての「ルール＝価値観」を形成しているわけです。保育者は、これまで積み重ねてきた保育実践という経験を通して、子どもへの対応や子どもの見方、保育者として大切にしたいこと、つまり自分なりの保育観という「価値観」を形成しています。

2）大人の学びの特性——学びのフィルター

　人生や仕事のなかで豊富な経験を積んでいる大人は、子どもと比較して、当然、この「価値観」が明確です。年齢を重ねるにつれて、「価値観」はさらに確固たるものになっていきます。「保育観」も同様です。保育実践を積み重ね、専門職者としての「核」となる保育観をもつことは、保育者としての成長の重要なステップでもあります。

　この確固たる「価値観」は、学びに影響を与えます。学習を促進、加速させたり、逆に停滞、阻害してしまうこともあるのです。学習は、新しい情報や事象を取り入れ、自分のものにするプロセスでもあります。情報や事象にどのように対峙するのか、人それぞれの学びの構えになって現れます。人間は、与えられた情報のすべてを受け取れるわけではありません。これまでの経験からつくられた「フィルター」によって、重要か否かを選別しながら取り入れていきます。自分の「価値観」に合うこと、経験を裏づける情報には、大人は肯定的・積極的に反応し、深く理解します。経験に照らし合わせてとらえ、納得するのです。逆に、これまでに関心をもてなかったこと、苦手意識をもったこと、自分の経験を否定するような情報に対しては、大人は身構え、拒絶してしまったり、恐怖を感じてしまったりします。私はこれを「学びのフィルター」と呼んでいます。

　子どもは、経験の量も質も少ない存在です。子どもが興味関心に基づき、学びを実現できるのは、この「学びのフィルター」の柔軟性にあるともいえます。

3）「学びのフィルター」を意識した自己の成長と人材育成

　子どもを育てること（保育）と、大人を育てること（人材育成）、どちらに手応えを感じるでしょうか。どちらが悩ましい問題をはらんでいますか。多くの人は「大人を育てることは難しい」と感じます。

　人材育成の場面で、新しいことにチャレンジしてほしい、今のやり方や考え方を変えてほしいと思っても、なかなか意見を聞き入れてくれない職員はいませんか。「何度も伝えているのに、わかってくれない」と歯がゆい思いをすることはありませんか。これは、「学びのフィルター」の影響です。大人は無自覚的に、「学びのフィルター」を通して情報を選択的に取り入れます。苦手意識をもっていること、過去に失敗したこと、経験したことがないことには、比較的、消極的な反応、つまり抵抗を示す大人が多いのです。保育に関しても同様です。職員を育てる際、これまで実践してきた方法を変えてもらったり、これまでの経験の枠を越えて、新しいことにチャレンジしてもらうためには、一度伝えただけでは、

大きな変化につながらず、この「学びのフィルター」を通過することはできません。何度も繰り返し、さまざまな角度から方法を変え、根気強く伝えることが必要なのです。

4）保育者だからこそ、柔軟な「学びのフィルター」を保つことの省察

　子どもの多様性を受容し、画一的な子ども理解におちいらないためには、子どもに対する「学びのフィルター」をできるだけ柔軟に保つことが必要です。保育の経験が豊富になり、実践を積み重ねると、どうしても「学びのフィルター」は硬化します。そのことに自覚的になり、受け入れることが難しい情報に対して、有益か否か、「学びのフィルター」が硬化していないかと、時折、振り返ってみましょう。保育者の専門性には、経験とともに確立される「学びのフィルター」を意識的に俯瞰し、柔軟に保つ姿勢も含まれるでしょう。

　保育者を育てるリーダーにもまた、職員に対する画一的な見方、「自分だったら」という「学びのフィルター」で評価したりしないように自覚することが必要です。

5）子ども主体の保育を実現するための保育者の専門性

　幼稚園教育要領は、「幼児が身近な環境に主体的に関わり、環境との関わり方や意味に気付き、これらを取り込もうとして、試行錯誤したり、考えたりする」一人ひとりの子どもなりの育ち方、学び方を保障しています。保育の質向上の議論の根幹にあるのは、この「子ども主体」の保育をいかに実現できるかです。

　保育者は、重要な人的環境として、子どもの前に立ち現れています。人間は、信頼できる重要な他者の行動やあり方を模倣します。子どもが「主体的に生活する」ためには、その周りにいる重要な大人もまた「主体的に生活する」必要があるのです。子どもにだけ「主体的に生活する」ことを求めても、それを伝え、示す保育者の姿勢が「主体的」でなかったとき、子どもはどう感じるでしょうか。子どものセンサーは、とても敏感です。本物を見抜く目をもっています。

　保育者が「主体的に生活する」ためには、どのような仕事観や人生観をもっているのかということも影響します。つまり「どう生きるのか」ということを体現する仕事ともいえるのです。ピアノや造形表現といった保育の技術を習得する難しさとはまた違う難しさをはらんでいます。

写真4-1 ● 子どもとともに生活を楽しむ

写真4-2 ● 子どもとともに遊びを楽しむ

写真4-3 ● 季節を感じ、遊びに誘う環境

第**4**章

人材育成

　一人ひとりの保育者がこれをどう受け止めるのか、さらには、そのような姿勢や構えをもつ保育者を
どう育てるのか、現代の保育者の育成は非常に大きなテーマを突きつけられています。

6）保育の質向上に欠かせない保育者の存在

　豊かな保育を実現するためには、保育室、遊具、用具、教材や玩具など、さまざまな「モノ」が必要
です。組織論ではこれらをリソース（資源）と呼んでいます。

　これらのリソースは、存在しているだけでは意味がありません。幼稚園教育要領の「第1章　総則」
の「第1　幼稚園教育の基本」のなかで、教師の役割として、「幼児と共によりよい教育環境を創造す
るように努める」ことが求められています。

　保育は「計画に基づく実践」です。保育者が教育的なねらいや意図や配慮をもって、あらかじめ、空
間や時間や活動内容を検討・計画し、それに必要な教材や備品を用意します。つまり、園のなかに存在
するリソースは、保育者の専門的な判断と取捨選択によって、子どもに届けられるのです。幼稚園教育
要領では、「教師は、幼児の主体的な活動が確保されるよう（中略）、計画的に環境を構成し」、「その活
動を豊かにしなければならない」役割を担っているのです。

　保育者は、園のリソースを子どもに届ける「フィルター」ともいえます。子どもの発達に必要なリソー
スを専門職の知見で考え、準備し、届けることができる「専門性の高い保育者（フィルター）」が存在
してこそ、保育の質の向上が実現します。

　保育者の人材育成は、園のリソースを教育的な目的と意図を理解したうえで、最大限効果的に子ども
に届けることができる専門性を育てること、ともいえます。そのためには、まずは保育者が園のリソー
スを理解すること。目の前の子どもたちの発達、興味関心に応じて、必要な環境を整え、タイムリーに

リソースを届けること。園内研修や子ども理解に基づく環境構成では、この点を大切に検討する必要があります。

7）社会的営みとしての教育、それを担う保育者

教育は、社会的な営みです。時代や社会、文化が変われば、教育に求められるもの、教育が目指すものも変わります。50年前に求められていた教育と、今現在、求められる教育は、当然、違います。幼稚園教育要領等がおよそ10年で改訂されるのは、そのときの社会に必要な幼稚園における教育のあり方を問い直し、全国の幼稚園で目指していく方針の転換を示す必要があるからです。そして現場で実践する保育の方向性や、保育者の専門性もまた、変わります。

写真4-4 ● 子どもの発想や表現を引き出す環境

2018（平成30）年に改訂された幼稚園教育要領では、「よりよい学校教育を通じてよりよい社会を創る」という中央教育審議会答申の方針に基づき、「社会に開かれた教育課程」の実現が改訂の重要なテーマとなっています。改訂の基本方針として、幼稚園教育要領解説では、「主体的・対話的で深い学びの実現」や、教育課程を軸に学校教育の改善・充実の好循環を生み出す「カリキュラム・マネジメント」の推進にふれています。

現行の幼稚園教育要領をもとに保育を行う保育者には、この改訂の方針とポイントを理解し、今までの教育活動を基盤にしながら、新たな保育の可能性にチャレンジしなければなりません。積み重ねてきた保育の実績に加え、社会や制度、教育に求められる新しい価値を見出し続ける、つまり、学び続ける姿勢が保育者の専門性の基底にはあるのです。

② 専門職の学び——省察・振り返り（Reflection）

1）実践を振り返り学ぶ

成人教育学の主要なテーマに「専門職の成長」があります。とりわけ実践家としての専門職の成長には、単なる知識や理論の理解、技術の習得に加え、必要に応じて行動レベルの変容が必要になります。そのためには、自分の行為、実践を反省的にとらえ、次のよりよい行為につなげる営み、すなわち"Reflection"が不可欠です。日本語では「省察」と訳されています。保育の現場では「振り返り」という表現が、もっともなじみがあるでしょう。実践家の成長に"Reflection"が与える影響の重要性を

唱えた人がドナルド・A・ショーン[*2]です。現代ではさまざまな分野、業界において、この "Reflection" を活用した研修や育成プログラムの開発が進められています。いわば専門家の成長には欠かすことのできない営みが「振り返り」という行為なのです。

日々の保育を行う営みのなかに、この「振り返り」という機会が、さまざまな場面に埋め込まれています。他の専門職に比べ、はるかに多くの「振り返り」の機会をもっているという点が、保育者の特性の一つといえます。同僚と子どものことを語り合ったり、保育記録を作成したり、保護者にその日の様子を伝えたり、さまざまな仕事の場面で「振り返り」を行っています。また、保育は「計画に基づく実践」です。計画の立案では、その基礎となるこれまでの保育実践や計画を見直します。このように、保育者は、仕事をするなかで、自ずと実践を「振り返ってしまう」、無自覚的に学んでいる専門職として特徴的です。つまり保育者は、保育を通して「振り返り」、自ら成長する存在ともいえます。

2) 実践のなかでの振り返り

ドナルド・A・ショーンは、実践の後の「振り返り」に加え、実践の最中にも振り返る、すなわち、「行為のなかの省察」を示しています。プロフェッショナルは、すでにある理論や技術を当てはめて実践するだけでなく、目の前の現象を、実践をしながら省察し、よりよい手がかりを探る「研究者」でもあります。

専門的な理論や知識、経験に基づいて獲得した専門性を発揮するだけでは、プロフェッショナルの保育者とはいえません。一定の理論や知識に基づきながらも、目の前の子どもの姿や反応をとらえながら、研究的な視点で「目の前の子どもにとって最善のかかわりは何か」を思考しながら実践すること、また、計画や見通しをもちながらも、その日の状況に合わせ、よりよい生活のために修正を加えること、実践のなかで思考し、最善のかかわりを試し続けることに、プロフェッショナルとしての保育の本質があります。そしてこれこそが、プロフェッショナルとしての成長の瞬間でもあるのです。

この「行為のなかの省察」を可能にするためには、「考える」という姿勢を習慣化させる必要があります。「どうしてなのだろう？」「これが本当に最適なのだろうか？」「この子どもにとって何が必要なのだろう？」と思考しながら保育をすること。プロフェッショナルとしての保育者の学びの第一歩は、この思考を伴う保育からはじまります。

第4章 人材育成

* 2 ドナルド・A・ショーン（Donald Alan Schön,1930-1977）：アメリカの哲学者。著書 The Reflective Practitioner 等を通じて「省察的実践者（反省的実践家）」「行為のなかの省察」の概念を用い、専門職の成長の契機、プロセスを理論化しました。組織学習理論へも大きく貢献しました。

③ 保育者の学びのデザイン──研修の計画

1）実践を通して学ぶ

　保育者は日々の実践を通して、多くの学びの機会を得ています。実践を共有する同僚から学ぶことも多いでしょう。先輩の保育者からの助言や指導は、若手の保育者の育成には不可欠です。いわゆるOJT[*3]は、どの現場においても人材育成システムのうえで有効とされ、ミドルリーダーが果たす重要な役割の一つでもあります。

　保育者の専門性は、単なる技術や知識にとどまらず、子どもと心を通わせながら人と人との関係性のなかに立ち現れるものです。尊敬する保育者の子どもへの眼差しや立ち居振る舞い、考え方や人間性を含めて、自らがその姿から学ぶということも多いです。

　リーダーは、保育を伝え、教える、つまり指導的な役割を担うだけではなく、後輩から学び取りたいと思われる存在になることも必要です。保育者の主体的な学びの姿勢と、それを伝えようとするリーダーの関係性のなかに、日々の実践を通して学び合う風土が生まれます。

2）課題認識がもたらす主体的な学び

　まず、保育者の学びの「芽」は、日々の実践に対する課題にあります。よりよい実践を目指すとき、「もっとこうしたい」という保育者の願いや、「どうしたらよいのだろう」という苦悩があるはずです。「Reflection（省察・振り返り）」により課題が明確になり初めて自覚できることもあります。いずれにしても、実践家の学びのスタートは、この課題認識にあります。外側から与えられた学びは、どうしても「学ばされている」という受動的、消極的な姿勢を生み出します。「学びのフィルター」をもつ保育者（大人）は、強制された学びに対して、頑なさを発揮します。保育者がいかに「知りたい」「学びたい」と思えるかどうか、つまり主体的に学びに向き合う姿勢になれるかどうかで、学習効果は大きな差を生み出します。

3）研修計画の考え方

　実践のなかで実感している課題を、チームや同僚、園内で共有し対話を通して改善していくプロセスを繰り返すことで、「学び合う」風土が生まれます。「園内研修」は、本来、保育者が主体となって、よりよい子ども理解や保育実践を同僚とともに考え合う研究の場として機能していました。「保育カンファレンス[*4]」とも呼ばれています。

　しかし、すべての課題を園内で解決できるとは限りません。園外に出て、新しい知見に触れ、自園の

* 3　OJT（On the Job Training）：組織内において、日常的な業務を通して、上司が部下の職務に必要な能力の育成や向上、改善を目的として行われる教育活動です。
* 4　保育カンファレンス：医療や心理の現場において、医師、看護師、カウンセラーなどの専門家が行う臨床事例に関する協議や意見交換、改善のための検討の機会を保育現場に適用したものです。

写真4-5 ● 対話を通してつくり出される「学び合う風土」

写真4-6 ● よりよい保育実践のために探究する職員集団

課題を解決する糸口に出会い、それを持ち帰り実践に生かすということができます。また、園長や教頭、主任やリーダーは、他園の同じ立場の人と課題を共有し、学ぶことで、園内での役割を再確認したり、園を俯瞰し、客観的にとらえる必要もあります。園外で学ぶことに意味があるからこそ、園外研修が必要なのです。課題認識に応じた学びの目的や内容、学び手の職位や役割、効果を踏まえ、多様な研修体系[*5]のなかから「どのような研修が必要なのか」を考え、計画することが必要です。

4）学びを実践に生かすために

　園外研修の課題として、研修で学んだことを実践に反映させることが難しいという点があります。実践と研修の距離が遠いからです。キャリアアップ研修も、園外研修の学びの一つです。ここでの学びを日々の実践やマネジメントにどのように生かすことができるでしょうか。

　よりよい実践のための新しい情報を獲得したとき、当然、自園の実践に取り入れたいと考えるでしょう。しかし、保育は一人で行っているわけではありません。一緒にクラスを運営する同僚やリーダーの了解が得られなければ、実践に反映させることはできません。

　何かを「変える」には、負荷がかかります。「変えない」ほうが楽なのです。負荷を了解して、子どものために、よりよい実践のために前進する姿勢をもった職員集団のなかでこそ、学びが実践に生かされます。学びとは、変容です。学び合える組織[*6]をつくることは、マネジメントの中心的なテーマといえます。■

*5　井上眞理子「専門性向上と保育カンファレンス──カンファレンス構造指標モデルの提言」お茶の水女子大学人文科学研究，第9巻，2013, pp.71-82：カンファレンス構造指標モデルでは、「指導的」対「共同探索的」、「Close」対「Open」の四つの視点の掛け合わせによって生まれる四事象から、学びの特性と効果および課題を示しています。

*6　学習する組織：ピーター・M・センゲが提言した理論。学習する組織になるためには、①志の育成、②内省的な会話の展開、③複雑性の理解の三つの柱が必要とされています。

第4章 人材育成

● 自己の学びのフィルターを振り返る

　　これまでの経験を振り返り、自己の「保育観」をとらえてみましょう。大切にしているポリシーを三つあげ、そのポリシーを形成した具体的なエピソードや理由を添えて、園内で話し合ってみましょう。

● 自己の研修計画を立てる

　　保育者としての現在の自己課題を考えましょう。課題を克服するために、どのような学びの機会が必要でしょうか。

● 学び合う組織をつくるために

　　研修での学びやよりよい実践のための気づきが園内で共有され、改善につながるために、自園の課題はありませんか。学び合う組織になるための課題と改善のための手立てを三つ考え、クラスや園内で共有してください。

園内研修の考え方と実践

> **節の
> ねらい**
>
> ● 園における研修の意義について理解を深める
> ● 相互に対話する（協働型）園内研修の必要性について理解を深める
> ● 園で企画、実施、継続できる園内研修の実際について学ぶ

1 研修の考え方

1）園内研修とは（園内研修の種類）

　園内研修とは、文字どおり、園内で行われる研修で、幼稚園等において、園長などの管理職も含めて同じ職場に集う者が時間と場所を共有して、園の教育・保育の質向上のために学び合っていくプロセスです。

　一方、園内／園外を問わず、研修にはさまざまな形態・種類があり、保育者は日々の業務や業務を離れた研修を通して、多くの気づきや学びを重ねていきます。職場における研修の形態は、大きく分けて三つあります。一つ目は OJT（On-the Job Training）で、職場の上司（先輩）が職務を通じて部下（後輩）を指導・育成する研修。二つ目は OFF-JT（Off-the Job Training）で、職務命令により職務を離れて行う研修。三つ目は SDS（Self-Development-System）で、経済的、時間的に援助して、職員の自主的な学びを間接的に支援する制度です。

　研修の場面と形態を整理すると、園内研修は表4-2のように位置づけられます。

　つまり、園内研修には OJT と OFF-JT の形態があり、効果的な研修を行うには、それぞれの特性（メリット／デメリット）を踏まえて、相互補完しながら計画・実施していく必要があります。本書では、企画運営の事例として、計画的、集合的に行う OFF-JT の研修会を中心に取り扱いますが、日常の保育（を通じた OJT）との連動性が園内研修の最大の特長であり、最も大切なポイントの一つであることを忘れないでください。

表4-2 ● 研修の場面と形態

場　　面	形　　態	例	主なメリット（M）／デメリット（D）
園内研修	OJT（On-the Job Training） 日常業務を通じての研修	上司（先輩）の指導、職員会議など	M：実践的に学べる、時間的・費用的制約が少ない D：業務の必要事項に限定されやすい、指導者に左右される
園外研修	OFF-JT（Off-the Job Training） 日常業務を離れての研修	テーマ別の講師研修会、討議研修会、事例検討会など	M：研修に専念できる、体系的・計画的に学べる、複数で学べる D：実践に活かしにくい場合がある、時間的・費用的負荷
	SDS（Self-Development-System） 自己啓発援助制度	自主的な研修会への参加や本やネット情報購入等への補助制度	M：個別の興味関心に沿える、主体的意欲が高まる D：各人の主体性次第、時間的・費用的負荷

2）園内研修の意義

❶ なぜ今、園内研修が大切なのか？

　なぜ今、園内研修が大切なのでしょうか？　理由は大きく二つあります。

　一つは、社会が大きくスピーディーに変化する時代には、学習し変化を続ける組織しか、そうした変化に対応できないからです。変動性（Volatility）、不確実性（Uncertainty）、複雑性（Complexity）、曖昧性（Ambiguity）を特徴として、VUCAと称される現代と近未来の時代には、これまでの常識が通用せず、将来の予測が困難で「正解」がありません。企業も含めて、あらゆる組織が最新の知見を取り入れながら学び、「最適解」を模索して変化を続けています。

　そんな社会下で保育を担う幼稚園等も同様です。「去年○○だったから」と、従来と同じ保育を繰り返すことは、園に通う子どもにとっても、保護者にとっても、地域社会にとっても不適切になってしまう可能性が高まっています。だからこそ、園内の職員一人ひとりが学び合う場として、また学び続ける組織風土を醸成するエンジンとして、園内研修を積極的に活用していくことが求められています。

　そして、園内研修の大切さがより増してきた理由の二つ目は、幼稚園等では、保育の長時間化と園内人材の多様化という特徴的な変化に伴い、園のチームワーク形成への意図的なアプローチの必要性が増しているからです。園によって違いはあるものの、従来の幼稚園では、保育時間が比較的短く、一定時間の共通のノンコンタクトタイム（保育者同士の時間）が自然と確保されており、限られた固定的な職員間での情報や空気感の共有がなされてきました。しかし、保育が長時間化し、さまざまな職種や働き方の職員が働く現在（今後）の幼稚園等では、従来のような形での職員間のチームワーク形成を期待す

るのが難しい状況です。

　職員が一堂に会して、保育理念の共有やコミュニケーションを図る園内研修は、園のチームワークを形成するうえで非常に有効な方法です。

❷ 園の人材を育てる園内研修

　園内研修の最大の目的は、園の教育・保育をよりよくすることです。そのためには、園の保育理念を共有したり、指導計画を練ったり、環境を改善したりするなど、園全体にかかわる個別テーマをみんなで考えて改善していくと同時に、そのプロセスを通して、職員一人ひとりが成長していくことが重要であり、園内研修の大切な機能です。

　人材育成の観点でキーポイントとなるのは、「職員一人ひとりの個別性に沿っているか」ということです。当然ながら、職員はキャリアも立場も性格も異なる存在であり、同じ園内研修に参加しても、得るものは人によって異なります。

　個別性に沿いやすい研修の形態は、職員それぞれの目の前の業務に直接アプローチして、個別対応するOJTです。上司（先輩）には業務遂行だけでなく、人材育成の観点から部下（後輩）の状況にあったアプローチが求められます。また、OFF-JTの集合研修でも、参加者一人ひとりが発言しやすい環境づくりや立場に応じた役割分担など、それぞれの個別状況を生かしやすい構成への配慮があると、より人材育成につながる園内研修になるといえるでしょう。

❸ 園内研修のポイント

　園内研修の主なポイントは、主体性、実践性、同僚性、継続性の四つです。

○主体性

　園内研修は園内で自園のために行う研修であり、園外研修との最大の違いは、園の主体性（個別性）を直に反映できる点にあります。つまり、その時点での園の課題や大切にしたいことを、園の状況に合わせて適切な方法で実施できます。「何を、誰が、いつ、どうやるか」を園全体で考えていくことによって、園内研修が主体的なものとなり、職員一人ひとりの自分事になっていきます。

○実践性

　「１）園内研修とは（園内研修の種類）」で記したように、日常業務（日々の保育実践）と連動させやすいのが園内研修のメリットの一つです。日々の実践を園内研修で見直したり、深めたりして、日々の実践に返していくことができるほど、園内研修の成果は上がり、研修に取り組む職員のやりがいにもつながります。

○同僚性

　職員一人ひとりの学びを深めるためにも、園のチームワーク形成のためにも、学び合いや語り合いによる同僚性の醸成は、園内研修の重要なポイントです。信頼できる仲間との率直な意見の交換が、自身

に新たな気づきをもたらしたり、同僚と関係を築く機会になったり、職場で働く安心感につながったりします。

○継続性

　子ども理解、環境構成等、保育にまつわるテーマは、1、2回の研修では答えの出るようなものではないのがほとんどです。また、園内研修では比較的同じメンバーで研修を行うことができます。研修ごとのつながりを意識した計画を立てたり、記録を丁寧に共有したりして、研修を積み重ねていくことで、職員一人ひとりの理解や園全体の共有が深まり、園内研修の効果が大きく増します。

3）園内研修の二つのタイプとリーダーの役割

　OFF-JTの園内研修においては、大別すると二つのタイプ（伝達型と協働型）があり、タイプごとの特徴から、扱う内容の適性もリーダーの役割も異なります（表4-3）。

❶ 伝達型研修

　多くは園長、主任等のリーダー層から他の職員に向けて、一方向的に知識・技術・情報等を伝える研修です。伝えるべき内容が決まっている場合は、全員にスピーディーに内容を周知することができます。

　全員で共有したい園の保育理念や安全基準の徹底等を扱う場合に向いている研修のタイプです。この場合、リーダーには、必要な判断を下し、より周知が図れるようなわかりやすい発信を心がけることが求められます。

　なお、外部から専門家を招いて知識伝達を図る研修も、このタイプにあたります。

❷ 協働型研修

　職位に関係なく、参加者が相互に対話しながら共通のテーマについて考え合う研修です。対話に時間

表4-3 ● 園内研修のタイプと取り扱い

	伝 達 型	協 働 型
特徴	・一方向的（上意下達） ・スピーディー（効率的） ・意思統一しやすい	・相互対話的 ・時間がかかる（非効率） ・それぞれが尊重される
内容の適性	「結果重視」 ・保育理念の共有 ・専門知識の共有 ・リスク管理等の園ルールの徹底 　　　　　　　　　　　など	「プロセス重視」 ・子ども理解、環境構成、保育者のかかわり等の日常の保育実践テーマ ・計画、記録の作成 ・個別事例の検討 　　　　　　　　　　　など
リーダーの役割	・効果的な発信 ・適切な判断	・対話しやすい場づくり（ファシリテーション）

をかけ、答えが統一されない分、個々人の多様な意見が尊重されます。

　子ども理解等、日々変化する「正解」のない保育実践を扱ったり、職員一人ひとりの主体的な参加を促したりするのに適した研修のタイプです。この場合、リーダーは結論めいた発言を極力控え、参加者が発言しやすい場づくり（ファシリテーション*7）に徹する必要があります。

4）ファシリテーションの活用

❶ ファシリテーションとは

　ファシリテーションとは、会議や参加型研修、ワークショップ等の場において、目的（問題解決や合意形成）のために、参加者同士の対話を促進して、参加者自身が納得感や気づきを得るプロセスを支援する技法のことです。本書では、協働型園内研修のなかで、職員が発言しやすい雰囲気をつくったり、職員同士で話し合いをしやすい問い立てをしたりして、職員自身が納得できる答えを見つけていくプロセスを促進することを指します。

　ファシリテーターは、ファシリテーションのスキルを用いてその役割を担う人、一般に会の進行役のことをいいますが、進行役でなくてもファシリテーションを意識した参加者が多いとコミュニケーションが円滑に進み、建設的な議論が展開されやすくなります。園という組織のなかで行われる園内研修において、園長や主任等のリーダーの発言や態度は、議論の方向性や雰囲気を大きく左右します。協働型園内研修では、リーダーが進行役ならば特に、進行役でない場合でも、ファシリテーションを意識して（ファシリテーターの心づもりで）いると、職員同士の対話が活性化し、職員のより主体的な参加につながりやすくなります。

❷ ファシリテーションを活用するうえで大切なこと

○プロセスに着目する

　会議や研修等で話し合う内容（What：何を話しているか）はもちろん重要ですが、ファシリテーションではその内容を話し合うプロセス（How：どう話し合われるか）がさらに重要です。会のプログラムや場のデザイン等の方法に加えて、個々の表情や全体の雰囲気から参加者のなかで起こっている内面的な部分に着目してはたらきかけていきます。

○あり方（姿勢や態度）が問われる

　ファシリテーターとして会議や研修にのぞむ場合、またはリーダーが対話的に研修に参加する場合、土台となるのはその人のあり方（姿勢や態度）です。口先だけでなく、本当に参加者一人ひとりを尊重して、話し合いのプロセスを信頼しているか。ファシリテーター（リーダー）の何気ない姿勢や態度にその心持ちは表れ、参加者は敏感にそれを察知します。

....

*7　ファシリテーションについては、次項「4）ファシリテーションの活用」を参照してください。

○準備8割

　何事もそうであるように、会議や研修の場合も事前準備に会の成否がかかっています。ファシリテーションは、ファシリテーターとして会を進行するスキルに注目が集まりがちですが、会のなかでスキルを活かすためにも、プログラムや場のデザイン、参加者の理解等の入念な事前準備がファシリテーションの最も重要な要件の一つです。

❸ ファシリテーションの具体的なスキルを学ぼう

　ファシリテーションが有用なのは、抽象論だけでなく、実践で培われた具体的なスキルが論理的に考えられている点です。ここでは詳細を省きますが、机の並べ方、話し合いの人数、板書の仕方などの物理的な方法から、会のプログラムの要点や話法などの進行の方法まで、実際に使えるスキルがたくさんあります。知っていると園内研修以外でも役に立つスキルです。参考文献が豊富にありますので、（リーダー役を担われる方は特に）ぜひご自身で学んで使ってみてください。

❹ ファシリテーターは保育者の役割に似ている

　主役ではないが、いないと困り、そのはたらきが成果に対して大きく影響するという意味で助産師にも例えられるファシリテーターの役割は、保育者の役割にもよく似ています。保育者は園生活を子どもとともに過ごし、保育のなかの主役は子どもであり、保育者の行為は基本的に「援助」という枠組みのなかで語られます。また既述の「ファシリテーションを活用するうえで大切なこと」は、すべて「保育をするうえで大切なこと」と言い換えることができます。

　保育に精通した園のリーダーの皆さんは、「保育と同じ」つもりで園内研修にのぞむと、ファシリテーションがイメージしやすくなるかもしれません。

❺ 心理的安全性が、協働型園内研修の必須条件

　「心理的安全性」とは、簡単にいうと、職場での意見の言い易さのことです。職位や経験にかかわらず、園内で率直に自分の考えを言える安心感が大切なことは、昔からいわれている当たり前のことのようですが、近年、保育施設以外のさまざまな組織（企業、病院、学校、政府機関等）でも改めて注目されています。それは、複雑で不確実な世界に立ち向かう組織が成果を上げるためには、優秀な人材が個々に自分の仕事を全うするだけでは不十分で、多様な人材が相互依存的に協働することが必要だからです。

　アメリカで生まれたこの考え方（心理的安全性）は、一般に意見をはっきり言うと思われているアメリカですら、対人関係のリスクを恐れて、多くの人が職場で率直な意見を言いにくいことを物語っており、同調圧力が強いといわれる日本ではなおさらです。

　園のリーダーは、日本で、かつ女性割合が圧倒的に高くて同質性が高い幼稚園等は、心理的安全性を確保しにくい組織であること、付け加えると、子どもと生活をともにするなかで、保育者の人間性（価値観）が随所に現れる保育の営みは、客観的に意見するのが難しいテーマであることをまず認識するこ

とです。

　園内での良好な人間関係は、心理的安全性の重要な要素ですが、「仲がいい」だけでは不十分です。良好な人間関係に支えられて、よりよくしたいという共通の目的のもと、わからないことを「わからない」と言ったり、間違っているかもしれないことを言ったりしても許される、保育について率直に語り合える専門家としての風土が協働型園内研修を活性化させます。

　目標を共有しながら、一人ひとり学び合おうという思いをもって発言が尊重される状態が、心理的に安全な状態です。そのために、リーダーは、発言を評価せず、謙虚さと感謝、好奇心をもって発言を受け止める姿勢を積極的に示すことが肝要です。

❷　研修の企画立案

　ここでは、某園の園内研修の事例を紹介しながら、園内研修の実践について考えていきます。園内研修にはさまざまな形があり、すべてを網羅することはできませんし、園や状況によって適切な形は変わってくるので、具体的な場面をイメージするための一例として参考にしてください。

1）リーダーが責任をもって計画的に

　最も重要なことは、リーダー（園長、主任等）が園内研修の意義を認めて計画的に場をつくる（＝重要業務の一つとして園内業務に落とし込む）ことです。現在の忙しい幼稚園等で、職員が集まる時間をつくることは簡単なことではなく、職員個々人の努力でできることでもありません。リーダーが責任（場合によっては手当等の必要経費も含めて）をもって、園の年間計画に日時をしっかりと組み込むことが第一歩です。特に、近年は保育の長時間化に伴って、非常勤職員が増えている園が多いので、全員を集めた園内研修を行う場合には、各職員の勤務時間を踏まえて、実施する時間帯や費用等に配慮する必要があります。

　一方、現場ではいろいろなことが起こり、その対処が優先されて、園内研修は後回しにされることが多々あります。現場を預かる担当職員が現場を優先するのは当然のこと。リーダーの強い意志が必要です。リーダーとしては、延期・オンライン・書面配布等の代替策を考えながら、「実施する（中止しない）」ことが、園内研修の重要性を職員に示すことにもつながります。

2022年度第1回全体会の記録

日時＆場所：　　　2022年4月8日（金）16：00～17：30　　　　於、すみれ組保育室
出席者：　　　　　正職員全22名
テーマ：　　　　　本年度の目標共有と園内研修テーマの選定

1．昨年度の評価（良かったことと課題）と今年度の重点目標を共有　　〈園長より説明〉

　（1）昨年度の評価（自己評価、第三者評価）…前回（3/23）の振り返りから
　◆やってきたこと
　　・子どもの育ちの連続性（を意識した保育）を確認
　　・子どもを「みる」こと（保育者自身が待つ、内面を考える、他者の視点）の大切さ
　◆課題、悩み
　　・子どもが主体的に生活する環境…第三者評価より
　　・保育課程（全体、長期、短期の計画）の整理…第三者評価より
　　・「やりたい」に応える保育…時間、内容、偏り、形態
　　・写真等を活用した保育の発信（＝保護者との共有）

> 前半で全園の目標を共有した上で、園内研修のテーマを選定

　（2）今年度の重点目標
「ひとりひとり」を丁寧に、多角的に、「みる」ことを基点に、保育（計画）や発信につなげていく

2．全体会のテーマ決め

　（1）グループで各自のやりたいテーマを協議して提案
　☆あがったテーマ：
　　特別支援、コミュニケーション（保護者、子ども）、アレルギー対応、食育、音楽（効果、意味）、
　　衛生／安全、防災、戸外環境、小学校接続、異年齢、運動（体幹）、子育て
　　支援、造形（素材研究）、記録、応急処置、計画（カリキュラム）、記録、
　　レクリエーション（ヨガ）

> 個々にあがったテーマから、テーマを三つに集約

　（2）テーマを集約し、担当者・実施月を決定

テーマ	担当名	実施月
衛生と安全 （アレルギー、防災含む）	○○、○△、△△… 〈6人〉	5、1
記録 （子ども理解、カリキュラム）	○●、△○、○□… 〈6人〉	6、10
特別支援 （ヨガ含む）	□○、●○、△□… 〈9人〉	7、9、11、2

> 園長以外が3チームに分かれて担当

★「単発でやりっ放し」の傾向を反省し、連続ものとして、担当チーム毎に責任を持って、1年間で計画的に課題テーマを深めていく

※某園の年度初めのテーマ選定会議の議事録より

図4-1 ● 園内研修年間計画例

2）内容の企画には職員が参画

　場（時間）づくりはリーダーが率先して行うべき仕事ですが、研修内容については、職員主導で企画したほうが、当然ながら一人ひとりの職員の主体性が高まります。前年度の園の自己評価に基づいて年間テーマを決める方法や、職員個人の自己課題からテーマを抽出する方法等、方法はさまざまですが、職員が企画立案のプロセスに参画することがポイントです。

　例えば、職員が自身の学びたいことや悩みを付箋に書いて出し合い、グルーピングして参加者みんなでテーマを決めるなどの方法をとると、職員がプロセスへの参画を実感しやすくなります。その際、テーマを出した職員がその回の園内研修の実施担当になれば、職員のより主体的な参加につながります。

　ただ、個々の職員の自己課題に沿うほど、テーマがバラバラ（単発）になり、研修がやりっ放しになりやすいです。最低2回は同テーマにする、各回の関連性を共有する、園内研修終了後のフォローアップの仕組みを考えるなど、実践と研修の往還を意識した企画になるように心がけましょう。

3）外部人材の力を生かす

　園内研修の最大の特徴は、人も場所も園内中心であることです。これは長所でもあり、短所でもあります。その短所を補うのが外部人材です。ポイントは多様性。大学の研究者や他園の保育者等、保育の専門家から新たな知見を得ることはもちろん有効ですし、医療関係者、アーティストなど、他分野の外部人材が園に入ることで、多様な価値への寛容度が広がり、より豊かな園内環境が育まれます。企画時に、頭を柔らかくして幅広く外部に目を向けると、たくさんのヒントがみつかります。

❸ 研修事例

1）協働型

❶ 事前準備

　研修テーマにもよりますが、某園では、大体研修日の2～3週間前に当該研修の担当者チーム（通常2～4名で、経験年数を考慮した組合わせ）が、園長と研修当日の目標や方法等について検討を始めます。

○目標設定

　テーマに関連して、担当者がその時点の具体的な課題や思いを出し合って、研修のなかで共有したい内容を考えます。

　例えば、「室内環境」という本事例のテーマでは、A保育者からは「以前に設定したままごとコーナー

が当初は盛り上がったものの、そのままになっていて最近盛り上がっていない」、B保育者からは「興味の移り変わりが早い2歳児への素材の出し方が難しい」などの意見が出て、「子どもの姿に応じた環境設定を繰り返していく変化のプロセス」を共有したいという話になりました。

○方法

目標に対して、適当な題材、プログラム、場所、役割分担等を考えます。できるだけ、園の実践のなかから、かつ研修のためだけの準備に負荷がかからない題材を扱い、みんなが意見を言いやすいプログラムや問いを考えます。

本事例では、その年度に書かれた記録（ドキュメンテーション）を活用し、一定期間追うことで、子どもの環境へのかかわりと環境設定の変化が見えてくるのではないかと考えました。また、「自ら環境を作り出していく4、5歳児に対して、保育者側のはたらきかけが弱いかもしれない」という課題意識から、プログラムに「4、5歳児への積極的な環境設定」というテーマをとり入れて参加者みんなで考えることにしました。場所はいつものとおり空き保育室で、子ども用の机と椅子を使って、1グループ4人程度の、机と椅子が島のように並べられているレイアウトのアイランド形式（島型形式）で行うことや、進行役等の役割分担もあわせて決定しました。

○準備

目標と方法の大枠が決まったら、研修当日までに必要な準備をします。扱う題材に応じて、職員に事前アンケートをとる等、共通の観点で日常の保育を振り返ってもらうことがあります。テーマについて、参加者が事前に各人で考えておくことで、限られた時間を参加者同士の協議に割くことができ、協議内容もより充実したものになります。現場の実情に合わせた準備（参加者個人への宿題）がしやすいのが園内研修のメリットの一つですので、有効に活用しましょう。

本事例では、参加保育者全員に、今年度自分が書いたドキュメンテーションから主旨に合ったものをいくつか選んで提出してもらい、そのなかから担当がみんなで検討したい2例を選んで、研修会内で当人から実践を語ってもらうことにしました。ちなみに、その検討過程で「設定したまま終わっている」ケースが多いことや、そもそもドキュメンテーションの書き方（とらえる視点）が保育者によってかなりバラツキがあることなどの気づきが担当者にありました。

また、ある園では、茶菓子が重視されていて、担当者は参加者1人500円の予算内で好きな飲食物を用意しています。研修内容の検討で難しい顔をしていた担当者の表情が、茶菓子の話題になった途端にパッと切り替わることがよくあります。

❷ 当日

日時、場所	2021年11月19日（金）17:30 ～ 19:00　　於、ききょう組		
テ ー マ	室内環境		
目 　 標	子ども⇄環境設定の循環のなかでの変化を共有する		
対 　 象	正職員全員21名（給食、学童担当も含む）		
担 　 当	A 保育者（3 年目）…主旨説明等、B 保育者（16年目）…全体進行、記録		
タ イ ム テ ー ブ ル	時　間	項　　目	内　　　容
	17：30	主旨説明	A保育者より、本研修の主旨と進め方について、手書き画用紙を使って説明。 新人が参加する年度初め等、緊張をほぐすアイスブレイクを入れる場合もある。
	17：35	事例①報告	C保育者（3歳児担当）より、10月後半のアイス屋さんの実践について、ドキュメンテーションを使って報告。 環境設定について悩んだ点も話してもらう。
	17：45	グループ協議 1	問い「実践についての感想（共感すること／意見等）は？」 4、5人／グループ×4グループで、模造紙（半面）に記録しながら協議。 ある程度協議に慣れていること、意見の収束を目標においていないことから、今回はKJ法を採用しなかった。

18：00	全体共有	各グループで話した内容について、模造紙を見せながら、順に発表して全体共有。
18：05	事例②報告	D保育者（4歳児担当）より、11月上旬から進行中のレストランごっこについて、同様にドキュメンテーションを使って報告。今後の方向性について相談。
18：20	グループ協議2	問①「レストランごっこの環境設定について」、問②「4、5歳児の環境設定のポイントは？」協議1と同グループで、模造紙の残り半面に記録しながら協議。 グループ内での役割（司会、記録等）は決めていないが、経験ある職員がファシリテーションを意識して協議を進めている。
18：40	共有	同様に順に発表し、発表の終わった模造紙は壁に貼付。途中、発表についての質問が参加者から上がり、参加者全体での意見交換の場となった。 参加者からの質問は、認識を確認したり、議論を深めたりするのにつながることが多い。
18：55	まとめ	B保育者が本研修会について、貼付の模造紙を見ながら振り返り。 協議を結論づけたり、講評したりする目的ではなく、研修会のプロセスを全体で確認（共有）することが目的なので、ベテランは言い回しに要注意！ 本事例では行いませんでしたが、研修終了後に同グループのメンバー間で「メッセージ交換」を行う方法があります。相手の発言や態度などでよかった点を書き合うので、研修の振り返り、研修への前向きな気持ち、職員の関係性の3点を同時に高める効果が期待できます。
19：00	終了	終了後は全員で片づけ。

※時間は予定ではなく、当日の実際の時間です。

○当日の進行で気をつけること

◎時間を守る

　園内研修は、園内の気安さから全員の集合（開始時間）が少し遅れたり、内容充実のために時間延長したりしがちです。開始時間がなあなあで始まると参加者の取り組みもいい加減になりやすく、通常勤務の時間外にいつ終わるかわからない研修会が度重なるのは、職員にとって結構なストレスです。リラックスして参加することと、いい加減に取り組むことは別物です。参加者がよい構えをもって研修にのぞみ、気持ちよく研修を終えるには、始まりと終わりの時間を守ることがとても重要です。

　そのために、進行役は状況に応じて柔軟に時間管理し、仮に予定どおりの結論が出ない場合は「保留」も選択肢に入れて終了時間をできるだけ守るようにしましょう。また、リーダーは時間（約束）を守る雰囲気づくりのため、率先して行動するようにしましょう。

◎見える化

　さまざまな意見を出し合う協働型園内研修では特に、出た意見を記録し、共有しやすいように見える化することが重要です。全体進行役（記録役）が、ホワイトボードや模造紙等に参加者の発言を板書していく方法もありますし、本事例のように、グループ作成の模造紙を貼り出す方法もあります。いずれにしても、見える化によって、参加者全員が同じ事柄を共有して会の進行状況を把握できる状態をつくると、議論の深まりや参加者の主体的な参加が促されます。

　進行役は、板書の書き方、ホワイトボードの位置、模造紙の貼付場所等について、参加者全員が見やすくなるような配慮が必要です。また、配布物や板書等で、進行や協議事項（問い）を文字化（見える化）すると、参加者が見通しをもって研修に参加することができます。

❸ 研修後

　園内研修をやりっ放しにせず継続的に積み重ねていくには、記録を残して生かさなければなりません。

○"早く"

　協議しながら個人メモは取りにくいので、参加者個人には記録が残りません。参加者の記憶があるうちに、"早く"記録を作成して共有したほうが有効なので、期日も含めて記録役をしっかりと決めておきましょう。

○"全員に"

　職員全員が研修に参加しない場合は特に、記録を活用して園内全員に内容（成果）が行き渡るようにします。最近は、メールや情報共有アプリ等のICTを活用して、全員に素早く情報を伝達することができます（図4-2）。

　また、研修会で使った板書や模造紙について、撮影して配信したり、職員室に貼っておいて、いつでも誰でも見られるようにしたりして活用する方法もあります。

第**4**章

人材育成

第 7 回　全体会議報告

日時：2021年11月19日（金）17：30 ～ 19：00　　　　場所：年長組
出席者：〇〇、〇△…、A保育者、B保育者（記）〈計20名〉
テーマ：室内環境
担当：A保育者、B保育者
飲食会計）出飲み物（4本）596円＋軽食（フライドチキン・アップルパイ）9,600円＝10,196円
　　　　　入500円×20人＝10,000円＋前回繰越3,298円　　次回繰越3,102円

【議事】
17：30　趣旨説明（A保育者より）：「ドキュメンテーションを使って、子どもの姿から環境設定を考える」
　　　　子ども⇄環境…子どもがどう環境にかかわっているかをとらえ、それに応じて環境を変化させていく過程を追う
　　　　★記録（ドキュメンテーション）に反映させていく！！
17：35　C保育者より実践報告（3歳児）
　　　　・アイス屋さんを通して、子どもになりきる楽しさや表現する面白さを感じてほしいという意図で環境を考えて
　　　　　いった。
　　　　・保育者の思い（形にしたい）と子どもの思い（やりたいことがそれぞれ違う）のギャップに悩んだ。
17：45　グループ協議「C保育者の思いを踏まえて、実践についての感想（共感や意見等）は？」
18：00　グループ発表
　　　　・場所（作る・売るなど）を共有しやすくするとよかったのかも。
　　　　・日々の保育のなかで形や結果にこだわりすぎると保育者の思いが強くなってしまう。今がすべてではない。
　　　　・子どもの興味に合わせて環境を用意し、よりイメージが繋がりやすい素材を準備していた。
　　　　・本物のアイスを作ってみたいという子どもの声に対して
　　　　　→子どもが工夫して製作していたので、本物を出すのは控えた。
18：05　D保育者より、実践報告（4歳児）
　　　　・なりきる面白さを感じている。
　　　　・もっとやりとりの楽しさを感じてほしい。→イメージが広がるようにリアルな物を用意する。（帽子、メニュー
　　　　　表など）
　　　　・イメージが広がり、レジや看板を作りたい等の声が子どもから出てきた。
　　　　★年齢が大きくなるほど子どもからの発信が多くなり、保育者の主体的な環境設定が少なくなっている？
18：20　グループ協議「①年中組のレストランごっこに対する環境について　②4、5歳児の環境設定のポイント」
18：40　グループ発表
　　　　①場所を変えてみる（広げる・変化）。メニューを増やす。衣装を小出しにする。
　　　　物の出し方を工夫してみる。本物っぽいものにする。
　　　　保育者の意図が強い。お客さんが喜ぶような設定を考えても良かった。ねらいのポイントがずれていたかも。
　　　　レストランごっこ以外もあってもよかったのでは。物が多すぎてそちらに興味がいってしまった。
　　　　②

子ども（4、5歳児）	環境設定のポイント
・経験がある（イメージがある） ・年齢に応じた見通しや技術もある ・仲間意識があり、年齢に応じて協力する	・子どもの声をよく聴く。（保育者は引く） ・経験に応じたリアルな物を。 ・目が届く所に素材を置く。 ・大人の固定概念を植え付けない。
・やる気十分、実力不十分 ・4歳児は飽きっぽく、5歳児は大人数の対処は難しい	・（特に4歳児は）全体の枠組みがわかりやすい場の設定。技術不足を補う具体的な素材。 ・役割分担やルールが共有しやすい掲示など。 ・（特に5歳児は）先の構想をもった幅のある素材準備

18：55　まとめ（B保育者より）
　　　　子どもを取り巻く環境（生活・人・自然など）は幅が広いので、側にいる保育者は柔軟な視点をもって、敏感
　　　　に子どもの興味関心を見つけて応じていきたい。　　　　　　　※教育・保育要領P28 ～参照（副園長より）

図4-2 ● 本事例での園内報告記録より

❹ 協働型園内研修で使いやすい方法の紹介

　子どもや保育実践について、より具体的により活発に話し合うために、有効な方法がたくさんあります。ここでは代表的な方法の手がかりを紹介しますので（表4-4）、興味のある方は詳細を調べて、園や目的に適した方法を活用するとよいでしょう。

表4-4 ● 協働型園内研修で使いやすい方法

方　法	内　容	特　徴
KJ法	カード（付箋）に個人のアイデアを書き、出し合って話し合った後、並べ替えて分類する。	複数の意見を可視化したうえで、まとめたり、関連づけたりして、方向性を導き出すのに有効。 また、個人の発言機会を確保しやすい。
エピソード記述（文章記録）	保育のなかで心が動いた場面について、「エピソード、背景、考察」を含んだエピソード記述を行い、保育者同士で読み合う。	書くことで自身の保育や子ども観を内省でき、その意味づけについて、他者と話し合うことで子ども理解がより深まる。
TEM	子どもの一場面のエピソードについて、映像等で共有しながら、「子どもの言動」「周囲の出来事」等のプロセスを時系列で仔細に共同分析する。	子どもの経験について、事実に基づいて丁寧に読み取ると同時に、「もしも（この出来事があったら／なかったら）」を推測して、多角的に検討できる。
日本版SICS	子どもの一場面のエピソードについて、映像等で共有し、「安心度」「夢中度」を5段階評価で表した後に、その理由と要因を話し合う。	子どもの「今ここ」の姿について、共通の2視点で数値化して話し合うので、誰でも協議の焦点が絞りやすい。
PSMQ	特定の保育環境の写真（1枚）を使って、環境の意味や保育者の意図と子どもの活動の関係について、共通の視点で分析して話し合う。	写真1枚で手軽に題材が用意でき、視点を共通化することで、間接的で見えにくい環境構成の意味や意図について、言語化して話し合いやすい。
ワールド・カフェ	あるテーマでグループ協議した後、1人を残してメンバーは他グループに移動して再協議し、再び元のグループに戻って再々協議を行う。	大人数で協議を行う場合に、多くのメンバーと対話することができ、さまざまな意見を土台にして、気軽に発言がしやすい。
ミニ公開保育	直接または映像等で、クラスや学年単位の保育を公開（共有）して、担当保育者の聞きたいことを踏まえて語り合う。	時間や映像の準備と、言いたいことを言い合える職員の関係性を前提に、実践そのものを扱うなかで、具体的で幅の広い話し合いが期待できる。

2）伝達型

　既述のように、伝達型研修は、園として共通の内容を迅速に周知したい場合に有効です。ここでは、衛生・安全管理をテーマにした研修事例を取り上げ、ポイントを解説します。

❶ 事前ヒアリング

　伝達型研修は、基本的に一方向になる分、受け手（参加者）側のニーズ把握がより重要です。本事例では、以下のような事前アンケートを実施して、園内の状況を把握しました。

> Q1. 前回配布した「衛生・安全」資料を使っていますか？
>
> Q2. 「衛生・安全」について、以前と比べてよかったことや困ったことはありますか？
>
> Q3-1.「アレルギー対応マニュアルを作り直しましたが、よかったことや困ったことはありますか？
>
> Q3-2. 困ったことがある場合、どのように改善したらよいと思いますか？

❷ 対話的に（当日）

当日のタイムスケジュールは以下のとおり。

> 17：30　アンケート結果の報告（担当より）
>
> 17：45　回答を踏まえた質疑応答（園長）
>
> 18：00　AED 講習（AED メーカー社員さん）
>
> 18：30　数名の実習
>
> 18：50　園内取り扱い（場所、管理方法等）の確認（担当より）
>
> 19：00　終了

　収集したアンケート結果をフィードバックする時間とそれを踏まえて質疑応答する時間を設け、情報は一方向でも、思いは対話的になるよう配慮されています。

❸ 決定・確認をする

　対話的に実施した場合、その場で疑義が上がるケースがあります。周知を目的にした伝達型研修で答えが曖昧なまま終了するとモヤモヤが残ります。必ず決定を全員の前で確認するか、仮にその場で答えが出せない場合は、いつまでにどのように決定するかをできるだけ明確にして終了する必要があります。

　本事例では、アンケートであがった「困ったこと」すべてについて、①園長判断で解決すること、②現場（職員間）の工夫で解決すること、③外部発注が必要なことに分けて確認しました。また、決定を保留した事項については、研修記録のなかで全員に報告がなされました。

3）報告会、レクリエーション

　伝達型の一部ですが、よくある園外研修の報告会と、今後必要性が増す可能性があるレクリエーションについて取り上げます。

❶ 報告会

　一部の職員が園外研修で得た知見を園内で共有する報告会は、比較的多くの園で行われていると思われます。ただ、積極的に園外研修に参加する風土がある園や夏季休暇期間等に園外研修が集中した後は、

案件が多くなって報告がおざなりになりがちです。

　ポイントは、報告する案件を取捨選択して、口頭報告と書面報告に分けてメリハリをつけることです。選択する案件は、研修内容や園の状況によって異なりますが、選択プロセスに参加者の意見も入ると、より主体的な報告になります。

　また、口頭報告では、聞き手側の態度が重要です。外部講師に成り代わって解説する報告者の話から、いかに知見を引き出せるかは聞き手の理解と質問にかかっています。報告会全体の理解を確認するためにも、報告および質疑の記録者を決めておくとよいでしょう。

❷ レクリエーション

　良好な人間関係をつくっていくうえで協働型園内研修は大変有効であるものの、いわゆる「勉強」以外の場面も人間関係には大切です。以前は多くの幼稚園等で行われていた職員旅行を現在も継続している園は非常に少なくなってきています。また、社会情勢から業務時間外の全員の懇親会も減少傾向です。したがって、業務として、職員全員がレクリエーションを共有して楽しむ場づくりの必要性が今後高まってくる可能性があります。

　事例は、保護者や地域のインストラクターを招いて、レクリエーションを実施した例です。

[エアロビクス体験／ハーバリウム体験研修]
※参加者は事前にどちらかの体験コースを選択
17：30　講師紹介
17：35　体験講習
18：45　講習内容の共有（エアロビクスの発表とハーバリウム作品紹介）
18：55　講師講評および謝辞
19：00　終了

4）日常のなかで

　最後に、特別な時間を確保せず、日常業務の時間や機会を活用して、OJTとして園内研修を行っている事例を紹介します。

❶ 職員会議

　多くの園で定期的に行っている職員会議について、「発言者が偏っていて活発な意見交換が少ない」「内容が深まらず手法の話題に終始してしまう」等の悩みをよく聞きます。職員会議も人が集まって対話す

る場なので、リーダーの姿勢や態度など、ファシリテーションが有効なことは他の園内研修と同じです。違うのは、短い期間で定期的に（毎週または毎日）行われるので、準備期間が短いこと、話し合う事項と伝達事項が議題に入り交じることです。

　したがって、職員会議の進行は、事前に議題を把握していて、短いながらも事前に進行を考えやすい園長や主任等のリーダーが担った方がよいかもしれません。主体的な参加を促すねらいで、司会を職員の輪番にしているケースがありますが、その場限りの急な司会役がかえって儀礼的な雰囲気を醸し出してしまうことはよくあります。リーダー（進行役）は、議題を分別して、扱う順番や時間配分等を事前に考えておくようにしましょう。

　また、園内研修では題材や見える化に配慮するにもかかわらず、日常の職員会議は口頭のみで行っているケースがあります。ホワイトボードに意見を板書したり、保育の振り返りの共有に日誌やドキュメンテーション等を活用したりして、参加者の発言の「足場」をつくると、次の発言が生まれやすくなります。

❷ 計画／記録や便りの作成

　［週日案～指導計画］／［日誌～指導要録］等の担当保育者が作成する計画／記録や保護者向けの便りについて、内容は異なりますが、多くの園でリーダー層が確認するステップがあります。

　担当者とリーダーが、個別的・具体的に直接対話できる機会として、有効に活用しましょう。重要なのは、書かれた文言の背景にある担当保育者の子ども理解や保育の状況を想像し、対話しながらお互いで確認していくことです。無意識的に実践している方も多いと思いますが、忙しかったり文量が多かったりすると、文言添削で終わってしまうことがあります。意識的に対話を増やしていくと、別に時間をとることなく、その保育者に合った研修の機会となります。

❸ 毎日10分間研修

　日常業務のなかに意図的に研修を落とし込んでいる例です。

　毎日決まった時間に職員室に集まって10分間研修を行います。朝礼夕礼等の情報伝達ではなく、担当番の保育者が題材を用意して、それをもとに話し合います。話し合いの経過は模造紙に記録して職員室内で貼付されてみなが共有しているので、前日の続きから始めて議論を継続していくことができます。

　夕方の幼稚園のように、職員室に保育者が集まって雑談を交えながら子どもや保育について語り合っている場合は、みなが意識的に切り替える時間（10分間研修など）をもつことは特に有効でしょう。毎日継続することで、保育者の頭も身体も鍛えられます。　■

▶ **ワーク**

- 既存の日誌（記録）や写真等を使って、子どもの姿や保育について（例えば、「子どもが何を面白がっているか？」という観点で）、KJ 法を使って 3 〜 5 人のグループで話し合って整理してみましょう。
- 上記について話したことをもとに、園で実施する（協働型）研修会を具体的に立案してください（実施時間帯、参加メンバー、研修方法、タイムスケジュール、準備物、役割分担等）。まず、個人で立案し、グループで共有して意見を出し合いましょう。

第 **4** 章

人材育成

第 **3** 節　養成・実習への対応

> **節の**
> **ねらい**
> - 幼稚園や認定こども園での実習の意義と具体的な方法について理解する
> - 養成校と実践の場が協働関係を築くことの重要性について理解する
> - 学生にとって学び多い実習のあり方について考える

① 養成校と実践の場をつなぐ

1）幼稚園や認定こども園での教育実習とは

　教育実習は学生が養成校で学んできた理論を、実際の子どもとのかかわりや保育実践を通して体験的に学ぶ重要な機会です。

　しかし現実には、学生が教育実習の経験によって自信を失くしたり、養成校で学んだ保育内容と現場の実践が乖離していたりといった理由から、幼稚園教諭への夢を諦めてしまうといった話を耳にすることもあります。このような事態に陥らないためにも、実践の場と養成校とが手を取り合い、学生にとって、よりよい実習となるよう協働していくことが大切です。

　そして、学生が学ぶだけではなく、保育者が学生とのかかわりのなかで新たな視点に気づいたり、養成校が現場の工夫から新たな実習の取り組み方法を開発したり、学生・実習園・養成校の三者がともに学び合う意識をもつことが大切です。

2）養成校と実習園が協働的な関係を築き、学生の学びをサポートする

　養成校と実習園が協働的な関係を築くためには、園長・副園長・主任といったマネジメント層が養成校の教員とコミュニケーションを図ることが求められます。そして、養成校で伝えている保育理論と現場での実践とが有機的につながりあう実習となることが重要です。

　そのためには、訪問指導の際に養成校教員と実習のあり方について意見を交わすことも一つの手段でしょう。また、近年では各養成校が実習協議会を開催し、養成校と実習園の連携強化が図られるようになってきました。実習協議会の主な内容は以下のとおりです。

110

・養成校の実習理念や指導の実際
・学生の学びが深まる実習のあり方について、現場からの実践提案
・養成校の教員と園の職員との懇親会　　　　　　　　　　　　　　　　　　　　など

　このような機会を積極的に活用し、養成校と実践の場がつながりをもつことが、協働関係を築く第一歩になるでしょう。

② オリエンテーション

　実習開始前に、学生と実習園の間で行うのが実習オリエンテーションです。
　「園の保育にかかわる基本的事項」と「実習にかかわる具体的事項」の二つのポイントからみていきましょう。

1）園の保育にかかわる基本的事項

　まずは、園の教育理念や概要、保育者としての心構えなど、園の保育にかかわる基本的事項を伝えます。学生がこれから実習をする園は、どのような教育理念の園で、どのようなことを大切にしながら保育実践しているのかをイメージし、実習にのぞむにあたっての心構えができることが大切です。
　実習では、学生が保育実践を通して、園の環境に込められた思いや、保育者のかかわりの意味を知り、まさに体験を通して学びを重ねていきます。園の保育の柱となる教育理念や環境について丁寧に伝えましょう。

2）実習にかかわる具体的事項

　次に、実習を迎えるにあたって必要な持ち物・服装・実習時間など、具体的事項について確認をしていきます。さらに、配属学年や部分実習・責任実習などのスケジュールなど、実習期間の大まかな見通しを伝えられると、学生も安心感をもって準備が進められるでしょう。

第 **4** 章

人材育成

表4-5 ●オリエンテーションでの主な確認項目

項　　目	内　　容
教育理念	教育理念、保育の特徴や内容
実習中に心がけること	実習生（保育者）としての心構え、子どもへのかかわり方の留意点
実習方法	観察実習、参加実習、部分実習・責任実習の有無
実習スケジュール	実習期間、配属クラス、実習期間中の行事等
持ち物	お弁当、コップ、エプロン、その他
服装	園の決まりや指定などがあるか
実習時間	出勤・退勤時間
日誌記入、提出について	子どもの名前表記、提出期限など
実習生についての配慮事項	実習を行ううえで配慮を必要とする疾病やアレルギー等の有無など
諸注意	個人情報の取り扱いについてなど
学生からの質問	その他、適宜学生からの質問に応じる

3）個人情報保護・秘密の保持

　学生が実習を通して知り得た情報については、個人情報保護や秘密の保持をする義務があります。通勤途中の会話をはじめ、SNS上に発信したりすることのないよう十分に注意する必要があります。

　近年は保育記録の可視化の有用性が広まり、実習生が子どもの姿をカメラで撮影し、振り返りや日誌に写真を活用する取り組みも盛んになってきました（本節でも、振り返りの工夫として紹介しています）。このような取り組みを実施している場合、画像の取り扱いについて配慮が必要です。例えば、印刷までは必ず園内で作業をする、画像データは印刷後、日毎に消去するなどのルールを設けることが必要でしょう。

オリエンテーションで確認すべき必要事項がまとまっているため、学生も理解しやすい。

写真4-7 ● 教育実習オリエンテーション資料の冊子

❸ 実習指導

1）「実習指導」について考える

みなさんは「実習指導」という言葉から、実習生に対してどのようなかかわりをイメージするでしょうか。保育者がもっている保育の知識や考え方を一方的に伝えることでしょうか？　あるいは、学生自身の気づきを大切にしながら、ともに考えていくことでしょうか？

マネジメントの視点から実習指導を考える際には、後者の、学生自身の気づきや発見、疑問を大切にしながら、保育者がともに考えたり、助言したりする共感的な姿勢であること、つまり、双方向的な関係性を築くことが大切でしょう。

まずは、園の保育者が「実習指導」についてどのようなイメージをもっているかを確認することから始めてみましょう。

2）実習の種類と方法

実習には観察実習、参加実習、自ら計画を立て実践する部分実習・責任実習と呼ばれる種類に分けることができます。これらは学生の実習経験の程度によって、養成校から指定されることが一般的です。

実習の種類の違いはありますが、いずれの場合も大切なことは、子どもの思いに触れ、保育者のかかわりや環境構成の工夫を知り、保育への理解を深めること、つまり、いかに実践から学べるかが重要です。

ここからは、実践からの学びを支える方法としての「日誌」「部分・責任実習」「指導計画」について考えていきましょう。

3）実習日誌①──日誌の種類と役割

実習日誌には、大きく分けて2種類の記録の形があります。それぞれどのような特徴があり、どのように実習生にとっての学びにつながるかを確認していきましょう。

❶ 時系列記録

時間の経過に沿って「子どもの姿」「保育者の援助、留意点」「環境構成」「実習生の動き」等を記入していきます。園での1日の流れをとらえながら、自由な遊びの場面、みんなで楽しむ活動の場面、昼食の場面など、各活動における子どもの姿や保育者の援助について学ぶことができます。

第**4**章 人材育成

❷ エピソード記録

　その日の実習を通して、実習生自身が心を動かされた場面や出来事を記述します。子どもの思いや行動の意味、保育者の援助の意図を考えたり、実習生自身のかかわりについて振り返ったりすることを通して、子ども理解や保育者の役割について学ぶことができます。

4）実習日誌②——日誌の目的を考え、学び方をマネジメントする

　実習日誌は、園生活全体の流れをとらえたり、子ども理解を深めたりするために重要な記録ですが、学生にとっては毎日の実習後に取り組むため、負担も大きくなりがちです。睡眠時間が十分にとれず体調を崩したり、モチベーションの維持が難しくなったりすることもあるでしょう。

　実習生の実態に応じて、実習期間を通して何を学ぶかを明確にし、日誌の記入については柔軟に対応することも必要ではないでしょうか。例えば、実習期間の前半では園生活の1日の流れがわかるように、「①時系列記録」に重点をおき、後半では実習生自身が心を動かされた子どもの姿への考察を深められるように「②エピソード記録」に重点をおく（この場合、時系列記録は主要な活動場面のみを記入するなど簡素化する）などの工夫が考えられます。これは一例ですが、必要に応じて実習期間における学び方をマネジメントする視点も必要でしょう。

5）部分実習

　観察実習、参加実習を経て、実習生が保育の一部分を計画し、担当するのが部分実習です。

表4-6 ● **主な部分実習場面**

・絵本
・手遊び
・昼食

　部分実習では、子どもの姿からねらいを立て、活動内容を考え、子どもの姿を予測したり、環境構成を考えたりするといった計画・立案・実践・振り返りを体験することで、実習生にとってより実践的な学びの機会となります。表4-6に示したものが主な部分実習場面です。遊びや生活など、子どもの1日を総合的にとらえて、さまざまな場面を経験できるとよいでしょう。

　また、近年ではクラス全体の活動場面だけでなく、子どもが興味・関心をもっている遊びのうちの一つのコーナーを実習生が担当し、環境を構成、再構成することで、子どもの遊びがさらに豊かになることを部分実習として体験するなど、多様な取組みもみられるようになってきました。

> **【事例】子どもの興味・関心に添った部分実習の可能性**
> 　園ではうさぎを飼育しており、子どもたちは愛着をもってかかわっていました。実習後の振り返りのなかで、実習生も自宅でうさぎを飼育しており、つい最近そのうさぎが赤ちゃんを出産したと

いう話がありました。保育者から「ぜひ、子どもたちにうさぎの出産の話を聞かせてあげよう！」と提案がありました。

当初、部分実習として帰りの会で絵本を読むことを計画していましたが、子どもの興味・関心と実習生の実体験が重なり、部分実習の内容が「うさぎの話」に変更になりました。当日は実習生が自宅で撮影してきた写真を見せながら出産時の様子を伝え、子どもたちは目を輝かせながら聞き入っていました。

部分実習の時間が豊かになるよう、子どもの興味・関心をしっかりととらえたうえで、実習生がもつその人らしさや背景を大切にしながら、柔軟に計画を考えていくことも必要な視点ではないでしょうか。

実習生が撮影した自宅で飼育しているうさぎ

子どもたちにうさぎの出産時の様子を話す実習生

6）責任実習

子どもの登園から降園までの園生活の1日を実習生が担当するのが責任実習です。園生活の1日を担当することから、1日実習と呼ばれることもあります。表4-7に示したのが、実習期間のスケジュールの一例です。実習生が部分実習を通して子どもの前に立ったり、環境設定を考えたりする経験を積みながら、責任実習を迎えられることが大切です。

7）指導案、指導計画

部分実習・責任実習を実施するにあたって作成するのが、指導案・指導計画です。

指導計画を立案するにあたって大切なことは、子どもの興味・関心をとらえ、子どもの姿をイメージ

表4-7 ● 実習期間 2 週間のスケジュール例

	月	火	水	木	金
1 週目	1 日目	2 日目	3 日目 部分実習： 絵本	4 日目	5 日目 部分実習： 帰りの会
2 週目	6 日目 部分実習： 昼食	7 日目	8 日目 責任実習 指導計画提出	9 日目	10 日目 責任実習

しながら作成することです。そのためには、日々の振り返りを通して、実習生と担任保育者が子どもの姿を共有していることが重要になってきます。

　指導計画を立案する際は、①子どもの興味・関心、②活動のねらい、③活動内容と流れ、④環境構成、⑤予想される子どもの姿、⑥実習生の援助と配慮等の観点から、その活動が子どもたちにとって楽しく充実した時間になることが重要です。

　しかし、計画はあくまで計画です。当日の子どもの姿に合わせて臨機応変にかかわることが大切であり、保育者は保育実践のなかでも実習生をサポートすることが求められます。

4 振り返りから学びを深める

1）振り返りの重要性

　保育における振り返りの重要性について、幼稚園教育要領解説には「幼児の行動と内面の理解を一層深めるためには、幼児の活動を教師自らの関わり方との関係で振り返ることが必要である。（中略）翌日からの指導の視点を明確にし、更に充実した教育活動を展開することにつながるのである」[1]と記されています。つまり、振り返りによって明日の保育がはじまるといえるでしょう。しかし、実習生が子どもとのかかわりで心を動かされたことを語ったり、子どもの興味・関心をとらえ環境構成を考えたりすることには難しさも伴います。

　そこで、振り返りの質を高める工夫として、写真・ウェブ型記録といったツールを活用することの可能性について探っていきましょう。

1）文部科学省編『幼稚園教育要領解説』フレーベル館、46頁、2018年

2）振り返り方法の工夫──ツールの活用：写真・ウェブ型記録

❶ 写真

　実習生が子どもとのかかわりのなかで、心が動いた場面を撮影します。その写真をもとに振り返りを行います。写真を用いることのメリットは二つが考えられます。

① 写真を手掛かりにすることで実習生が感じたこと、考えたことを語りやすい。

② 保育者がとらえられていない子どもの姿が撮影されていることが多い。

　写真を用いることで実習生の発見、気づき、疑問を起点としながら対話が生まれやすくなります。そして、保育者がとらえられていなかった子どもの姿から、子ども理解につながる新たな発見が生まれることもあるでしょう。

写真4-8 ●実習生が撮影した画像をもとに振り返り

❷ ウェブ型記録

　ウェブ型記録とは、蜘蛛の巣状に広がる保育の予想展開図です。子どもの興味・関心を中心に置き、そこから予想される子どもの姿や活動の広がり、あるいは環境構成などを考えるときに有効な手法です。特に、子どもの興味・関心から始まる保育においては、保育者間や保育者と実習生が対話をしながらウェブ型記録を作成することは、すなわち、子どもの姿から保育を計画していくことにつながっていくでしょう。

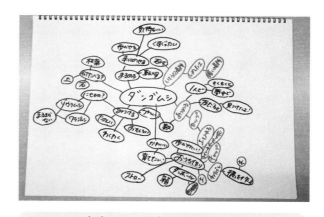

写真4-9 ●ダンゴムシをテーマに子どもの活動や環境について記入したウェブ型記録

　実習生との振り返りにウェブ型記録を用いることのメリットも二つが考えられます。

① 子どもの興味・関心に沿った環境構成を考えやすい。

② 正解はないので実習生も意見を出しやすい。

　子どもの興味・関心から放射状に環境構成を考えたり、活動の広がりを予想したりしていくため、おのずと子どもの興味・関心に沿った環境や計画を考えることになります。また、あくまでも予想展開図であるため、保育者と実習生がワクワク感をもちながら「～かもしれない」「楽しそう」といった観点

第4章　人材育成

から子どもの姿や活動の広がりを予想し、気軽にたくさんの可能性を書き込んでいくことができるでしょう。

【事例】ダンゴムシへの興味から責任実習を計画する〜写真とウェブ型記録を活用して〜

　責任実習を控えた学生の2週間を追ってみましょう。実習生は、年中児がダンゴムシに興味をもつ姿をとらえていました。保育後の振り返りでは、写真を手がかりにしながら子どもの様子が具体的に語られ、日誌にもダンゴムシ探しに夢中になるなかでの子どもの育ちについて考察が記載されました。

　そこで、実習生と保育者で子どもが興味・関心を抱いているダンゴムシについて、今後どのような環境構成や活動の広がりが考えられるかウェブ型記録に書き出してみることにしました。

　すると、「探す」「捕まえる」「飼育する」「生態への興味」など、さまざまな要素があがりました。そこで、生態への興味が深まるように、保育室にダンゴムシがテーマの絵本や虫眼鏡を環境構成してみました。すると、子どもたちがより一層好奇心をもってかかわる姿があったので、責任実習の主活動では、「ダンゴムシの多様な動きの面白さに気づく」というねらいをもち、ダンゴムシのお家づくり（空き箱を家に見立て、そのなかに多様な素材を用いて橋をつくったり、トンネルをつくったりした、実際にダンゴムシが遊べるお家づくり）を計画し、製作活動を行いました。

実習生と保育者でウェブ型記録を記入

責任実習の制作活動で行ったダンゴムシのお家づくり

　子どもの興味・関心をとらえたり、楽しく豊かな経験となるように活動を立案したりしていくことは、何も手掛かりがなく行うにはとても難しい作業です。だからこそ、実習生との振り返りにおいても、子どもの姿を共有するための「写真」や、興味・関心の広がりを考える「ウェブ型記録」といったツールを活用することが有効だと考えられます。

　そして、何よりもこれらのツールを活用することで、保育者と実習生の関係性は、教える―教えられ

るといったタテの関係性だけでなく、学生自身の気づきや発見、疑問を大切にしながら、保育者がともに考えたり、助言したりする共感的な姿勢、すなわち、ヨコの関係性が生まれます。実習生と保育者の間にも、さまざまな関係性が生まれるようにマネジメントしていくことが、私たちに求められている役割ではないでしょうか。

5 実習生へのサポート体制

　実習期間中、学生はふだんと異なる環境のもと、緊張感の高いなかで過ごすことが多いでしょう。だからこそ、困ったときや、心配になったときに頼れる存在、安心感をもって話すことができる存在が園内にいることが大切です。基本的には園内の実習指導担当の職員がその役割を担うことが多くなると思いますが、例えば、同じ養成校出身のOBの先生を紹介し、困りごとなどを気軽に相談できるようにするような工夫も考えられます。必要に応じて、養成校の実習指導担当の教員と連絡を取り合い、学生をサポートすることも求められます。　■

ワーク

● 実習生とのかかわりで大切にしていることについて、話し合いましょう。
● 実習生が学びを深めるために、実習園としてどのような工夫ができるでしょうか。
● 「子ども理解を深める」「環境構成を考える」という二つの観点から話し合いましょう。

第**4**章　人材育成

新卒者のリアリティショックと園運営

　リアリティショックとは、「新卒の専門職者が、就職後数か月以内に予期しなかった苦痛や不快さを伴う現実に出くわし、身体的、心理的、社会的にショック症状を表す状態」（Kramer, 1974）です。多くの新卒者は、就職前の期待と就職後の現実とのずれで多少のストレスを感じるものですが、それにうまく対処できないときにリアリティショックが生じ、早期離職やバーンアウトなどにつながりやすくなります。リアリティショックは、「業務負担の多さ・時間のなさ」「力量不足」「職場の人間関係」「園の方針とのズレ」などの側面で生じやすいことが示唆されています（松浦他, 2019）。また、本人の特性として、もともと自己効力感、保育者効力感やソーシャルスキルが低い新卒者ほど、強く生じる可能性があり、特に、ソーシャルスキルが低い場合、職場での人間関係を築きにくく、心理的孤立を深めやすくなります。

　保育は、保育者中心に指導計画どおりに進めていく営みではなく、一人ひとりの子どもを理解し、その自己発揮を援助し、遊びを通した総合的指導を通して行う専門的な営みです。どの新卒者にもリアリティショックはある程度、生じると思ったほうがよいでしょう。新卒者を採用するということは、責任をもってその専門性を育てていくということです。園務分掌の割り振りや、メンター（その人の成長に責任をもつ支援者）の役割を果たせる中堅やベテラン保育者、比較的年齢が近く、仲間として支え合えるピア・メンターのような保育者の割り当て等を考え、新卒者、あるいは各教職員の資源や関係構築の特性に応じて、サポート体制を具体的につくり、実践していくことだけでなく、園全体の日頃からの人間関係の形成が園運営において極めて大切なのです。

引用文献
Kramer, M., *Reality Shock : Why Nurses Leave Nursing?* The C. V. Mosby Co., St. Louis, MO. 1974.
松浦美晴・上地玲子・岡本響子・皆川順・岩永誠　「保育士リアリティショック尺度の作成」『保育学研究』57（1）、143-154頁、2019年

参考文献
▶秋田喜代美・馬場耕一郎監修、秋田喜代美・那須信樹編集『保育士等キャリアアップ研修テキスト　マネジメント』中央法規出版、2018年
▶中坪史典編著『保育を語り合う協働型園内研修のすすめ』中央法規出版、2018年
▶中坪史典編著『質的アプローチが拓く「協働型」園内研修をデザインする』ミネルヴァ書房、2018年
▶中野民夫・森雅浩・鈴木まり子・冨岡武・大枝奈美『ファシリテーション』岩波書店、2009年
▶エイミー・C・エドモンドソン（村瀬俊朗・野津智子訳）『恐れのない組織──「心理的安全性」が学習・イノベーション・成長をもたらす』英治出版、2021年

働きやすい園環境づくり

- 質の高い保育を支えるうえでの保育者の雇用管理の重要性を学ぶ
- 保育者が心身ともに安定した状態で保育ができるために必要なことを考える
- 採用の段階から実際に働くときまでのことを見すえた園としての取り組みを学ぶ

1 育ち合う園づくり

　主体的、対話的で深い学びのある保育を実践するうえで、子どもの主体性の育ちを支えることは大変重要ですが、その主体性の育ちを支えるためには、保育者自身が主体的であることが重要です。保育は、一人ひとりの子どもの興味・関心やその子のなかで育ちつつあるものを理解することから始まります。保育者は、その状況に応じて、かかわったり、モデルになったり、見守ったり、環境を構成したり等のさまざまな援助を行いますが、保育者が主体的でなければ、そもそも子ども（人）が主体的であるとはどういうことなのかがわからず、子どもの主体性の育ちを支えることは難しくなります。

　保育者が主体性を発揮できるかどうかは、その保育者自身の課題ではありますが、実は園の文化や風土、人間関係など、園全体の課題でもあります。保育者自身が自分らしく主体的でいられるということは、「自分らしくしていてもいい」「疑問に思うことは遠慮せずに尋ねてもいい」「チャレンジしてみよう！」というような園の風土やそれらを受け止める同僚性がその園にあるということです。そのような園のさまざまな人たち（同僚、先輩、学年主任、主任、園長等）との関係のなかで、人（新任保育者）は育っていくのだと思いますが、そのような園の風土や同僚性を醸し出しているのは人（リーダー、ミドルリーダー等）ですし、人は自分が育てられたように人を育てるとしたら、採用の過程を単なるルーティンあるいは事務手続きとせずに、保育に夢をもった一人の保育者のスタートとして、安心して働くことのできる園づくりのスタートとして、大切にしたいものです。

　また、人との関係に支えられて人は育っていくとはいえ、人に頼りすぎずに園として採用後の育成を見すえながら、採用の仕組みや園務分掌を考えておきたいものです。

❷ 育成を見越した採用——ミスマッチを防ぐ

　近年の保育者不足により、どの施設も採用に苦労をしていますが、一方では産休・育休や転勤、家庭の都合等のやむを得ない事情による退職があり、採用試験を実施する場合と、意欲をもって新任として採用されながら1年で退職になったり、他の施設でさまざまな経験を培った職員が園の雰囲気に慣れずに続かなかったり、あるいは年度の途中での退職により採用試験を実施する場合も、残念ながら散見されます。子どものことが好きで、子どもの成長を支える保育という仕事に夢をもって就職したにもかかわらず続けられなかったということは、その本人にとって大変辛いことであるとともに、「もう保育の仕事には就きたくない」という人が増えることでもあり、保育の世界にとって、とてもマイナスであるように思います。働きやすい職場環境については、すでに述べましたように職場の人間関係（同僚性）が重要であり、人間関係の善し悪しが退職につながるかもしれないことは間違いありませんが、他方では、採用前に抱いていた園のイメージと現実のイメージがあまりにも違う、いわゆるミスマッチの問題があります。実際に就職フェアなどでは、保育者をなんとか確保するために「残業なし」「駅から徒歩〇分」というような処遇面を全面に打ち出す等の耳触りのよい言葉を使用している例もありますが、学生（4年制卒）に対する近年の調査では「就職時に重視すること」として、1位が保育内容、2位が職場の人間関係、3位が給与というような結果もみられます。保育者募集の段階から自園の保育のよさや、実際に保育に携わっている保育者自身がアピールできる自分の園の好きなところ、保育で大切にしていることなどこそ、前面に出したいものです。処遇は大変大切で、各園が努力して改善していかなくてはならない大きな課題ですが、保育という仕事の楽しさや素晴らしさを伝えながら、その一方で専門職としての努力が求められることも同時に伝えていきたいものです。

　筆者の園では、採用試験を実施する際に、採用後の育成を見すえ、できるだけ多くの教職員が何らかの形でかかわることを心がけています。特に、4月に新任が保育者としてのスタートを切る際に育成面でかかわることが予想されるミドルリーダー層は、採用試験実施の段階から深くかかわるようにしています。

　採用試験前の打ち合わせで「園の求める人財はどのような資質をもっている人なのか」、そして「その資質はどのような試験で見つけることがで

写真5-1 ● 就職フェアでの様子

きるのか？」ということから話し合います。例えば、保育は子ども理解から始まるものなので、子どもの姿からそのときの子どもの気持ちを読み取るような資質をみたい場合には、給食の後の子どもたちが遊んでいる時間のなかで「面白い」と採用試験受験者が感じた場面を写真に撮ってもらい、その場面を印刷してドキュメンテーションを作成してもらうこともあります。そのほか、同僚とともにチームで働くときの雰囲気をみたいので、グループワークでの受験者同士のやりとりの様子を観察する試験も必ず入れるなど、どのような形で試験を実施するのかをいろいろと話し合います。点数を付けるのがなかなか難しいこともありますが、現場で働く多くの保育者が採用試験の計画の段階から議論や決定にもかかわることで、合格した人の育成に自分ごととして責任をもつことにつながり、実際に保育者として新任が働き始めたときには、採用にかかわった保育者が温かい眼差しを送っていることを、事実として感じています。もちろん、園（法人）にはそれぞれの理念や採用のポリシーがあるので多くの人がかかわることは難しいかもしれませんが、何らかの形でできるだけ現場の保育者が採用にかかわることは、採用後の育成の面で大変有効です。

　ただ、近年の保育者不足により「選んでいられない」という声があるのも事実です。しかし、何らかの形で採用試験を実施することは、本人にとってもプライドをもって働くうえで大切ですし、採用試験を通じて受験者（新任）の性格や価値観の背景にある経験等が理解できるので、ある意味で育成側の準備としても有効です。

③ 採用後の育成

1）内定者研修

　採用試験（採用面接）後に合格者には内定通知書を送ります。一般企業では4月から一定期間の研修を実施してから、現場に送ることができますが、大部分の保育の現場ではそこまでの人的余裕がないので、内定から4月までに内定者研修を実施する園が多いと思います。採用試験の実施時期にもよりますが、10月に採用試験等が終わったとしても半年近くの期間があるので、その間に少しでも新年度の4月に向けての準備を進めたいものです。最終的には4月1日付で辞令や労働条件通知書等の契約書を交わすことで、正式に保育者としてのスタートとなります。

　内定者研修の実施に当たり留意すべきこととしては、研修の内容（目的や方法）と、正式の雇用関係にない時期に実施するという2点です。

2）研修の内容（目的や方法）

　この時期の研修のねらいは園によってさまざまでしょうが、園の歴史やこれまで大切にしてきたことや目指すべき方向を新任に伝えることは重要です。もちろん、そのような理念が在職しているすべてのスタッフ間で共有されていることが大前提であることはいうまでもありません。そのような園の大切にしていることを踏まえてもらったうえで、OJT 的に保育の流れや保育者のするべきことを知ってもらいます。

　また、単に保育の流れを知ってもらうだけではなく、年度の終わりの子どもたちの姿を知っておくことは、新年度からの保育を行ううえでも重要ですし、可能であれば、卒園式や年度の終わりに子どもたちの育った姿を喜んでいる先輩保育者の姿や、感謝を伝えている保護者の姿を見てもらいたいものです。

　また、この時期は周囲の先輩と少しずつ知り合う時期でもありますので、一日の保育の後での話し合いや、1 年目の保育者あるいは園のなかで最も若い保育者から 1 年間を通じての楽しかったことや悩んだこと、その課題をどう乗り越えたかなどを、一定の時間をとってワークショップ形式で話してもらうことも有効です。このように関係性の構築を始めるとともに内定者の適性や個性を把握しながら、新年度の配置を考える時期にしたいものです。

3）実施上の注意点

　4 月からの新年度には園の保育者として子どもを保育する立場になる内定者に対してさまざまなことを伝えたい、学んでほしいと願うことは当然です。しかし、養成校の教員との情報交換会等で聞かれる例として、内定者研修と称して 2 月頃から毎日のように園に来ることを命じられ、卒業行事や謝恩会にも出席できず、結果として 4 月前に燃え尽きてしまうような事例もあるとのことです。このような事例は一部の園のことではありますが、正式な雇用関係にない時期に内定者研修を実施していることを踏まえて、強制的に実施するのではなく、内定者の予定を尊重しながら園として考えている研修計画の内容や実施日数を早めに伝えて調整する必要があります。また、アルバイト等で生活費の一部を自ら得ている学生や奨学金を借りている学生も一定数いることを考えると、内定者研修の参加に当たっては、手当や交通費の支払いは必ずするべきでしょう。

　以上のことを踏まえて、4 月からよいスタートを切れるように最大限の配慮をしながら内定者を迎える準備をしたいものです。

第 5 章

働きやすい園環境づくり

❶求人に当たり

● 求人や就職フェア等でアピールしたい自園の好きなところは、どのような点ですか？

● 新任や若手の保育者からも意見を聞き、自園の保育のよさや特徴等についてどんな点を伝えていったらいいか考えましょう。

❷採用試験を考えるに当たり

● 園としてどのような人を採用したいか、付箋に書いて出し合いましょう。

● 上記で出された人物像や人柄、資質を要約してみましょう。

● 要約されたそれらの資質をみるには、どのような試験が考えられますか？

　・筆記試験…どのような内容、時事問題、小論文、保育の知識、一般常識

　・面接…個人面接、グループ面接、どのような質問をするか

　・グループワーク…どのようなテーマでしてもらうか

　・保育実施…絵本の読み聞かせ、手遊び、設定保育、そこで何を観察するか

❸新任育成に当たり

● 一口に新任育成といっても、4月までの内定者である時期と、4月からの新年度の時期では違いますし、また個々の新任の置かれた状況もさまざまです。子どもに教育課程があるように、園として新任育成に当たって、そのときの新任の状況・心持ち（新任理解）、園として身に付けてほしいこと、経験してもらいたい内容（ねらいや願い）、そのねらいを達成するための具体的な手立て（人的環境や援助）という観点での計画を考えてみましょう。

　職員の人間関係は、保育者にとってストレスとなる場合が多く、特にキャリアの土台づくりの時期にある若手保育者は、他の年代よりもストレスが高いことが懸念されています。保育者がメンタルヘルスを維持しながらいきいきと働くためには、どうすればいいのでしょうか？　本節では、職員の人間関係と保育者のメンタルヘルスについて考えます。

 ## 保育者のストレスとメンタルヘルス

　保育者は、職員の人間関係において、どのようなストレスを感じているのでしょうか？　図5-1の「若手保育者のストレス」と、図5-2の「中堅・熟練保育者のストレス」は、保育者を対象としたアンケート調査の結果を参考に作成したものです。

　若手保育者と中堅・熟練保育者、それぞれの立場や保育経験年数の違いにより、ストレスとなる要因が異なっていることがわかります。具体的には、職員同士の人間関係、保育観や保育方法の相違、職員間の連携不足、職員への話し方・指導方法、上司の対応、世代間の相違といった「職員間の連携の難しさ」が保育者のストレスになっていることがうかがえます。特に、保育観や保育方法の相違がストレスとなっている保育者が多いことが報告されています[*1]。日々の保育において、職員間の連携は不可欠ですが、保育者一人ひとりの保育に対する考え方や保育の方法は異なるため、保育者間での相違が起こりやすく、また互いに共通理解を図ることは容易ではありません。

　特に若手保育者は、立場上、上司に対して意見を言いにくいため、そうした状況がストレスにつながっていると考えられます。対人関係上の問題解決が困難な背景には、思ったことが言い出しにくい雰囲気と相談相手が存在しないという問題があります。そのため、管理職が「自己開示」を奨励し、相談しやすい雰囲気づくりを行っていくことが肝要です[1]。

　それでは、保育者のメンタルヘルスの保持・増進のために大切なことは何でしょうか？　以下の観点

[*1]　具体例として、複数担任クラスでの食事指導の場面をあげます。A先生は「苦手なものでも最後まで食べさせたい」という考えで、B先生は「一口でも食べればよい」という考えで、子どもへの指導を行った場合、保育方法にズレが生じてしまいます。その際、A先生とB先生が話し合って共通理解を図ることができればよいですが、互いの保育方針や保育方法に納得できず、折り合いがつかない場合、不満を抱えたまま保育を行うというストレス状況に陥ってしまいます。

1）　加藤由美「若手保育者の困難感と対処に着目した心理教育的介入に関する研究」兵庫教育大学大学院 連合学校教育学研究科 学校教育実践学専攻、博士論文、2016年

出典：加藤由美『保育者のためのメンタルヘルス——困難事例から考える若手保育者への心理教育的支援』福村出版、170、172、174頁、2018年を参考に作成。

図5-1 ● 若手保育者のストレス

出典：図5-1に同じ、153、155、161、162、169頁。

図5-2 ● 中堅・熟練保育者のストレス

から、園の保育者の状況について振り返ってみてください。

○明るく冗談を言い合ったり、安心して悩みを相談したりできるような職場の雰囲気づくりができていますか？

○保育者同士で、保育観を共有し合ったり、保育方法に関する共通理解を図ったりすることができていますか？

○それぞれの保育者が、経験年数や職務の状況に応じた仕事の「満足感」や「やりがい」を得られていますか？

❷ 職員間のコミュニケーション

図5-3に示すように、若手保育者は、上司や先輩保育者とのコミュニケーションの取り方に難しさを感じる一方、中堅・熟練保育者や園長は、若手保育者の育成に難しさを感じている場合があります。

出典：加藤由美『保育者のためのメンタルヘルス——困難事例から考える若手保育者への心理教育的支援』福村出版、162、164頁、2018年、加藤由美・安藤美華代「若手保育者の離職防止に向けて——園長を対象とした質問紙調査から」『保育学研究』59（1）、117-130頁、2021年を参考に作成。

図5-3 ● 若手保育者、中堅・熟練保育者、園長、それぞれの思い

メンタリングとは、他の保育者から受ける指導・支援のことで、メンター制度[*2]では、先輩（メンター）がペアになった後輩との間で、何でも話せるような信頼関係を築きながら様子を見守り、さまざまな相談に乗ったりアドバイスを行ったりと手厚くサポートします。

若手保育者にとっては、いつでも先輩が温かく見守ってくれるという安心感や、上司に話しづらいことも相談しやすいというメリットがあり、先輩保育者も、若手を見守り指導するなかで自身の学びや成長を再確認できるため、双方にとってメリットがあると考えられます。

❸ 職場のメンタルヘルス対策

職場でのストレス要因は何か、どうすれば改善できるのかについて、職員間で話し合う機会を設け、保育者の要望を反映した職場環境を整えていくことが大切です。ちなみに、若手保育者の離職者がない（少ない）園では、職員同士の関係づくりに配慮がなされ、職員間のコミュニケーションが活発であると考えられます。若手保育者の有無にかかわらず、職員同士の関係づくりは、園運営を円滑に進め、よりよい保育を行ううえで欠かせないものです。

職場のメンタルヘルス対策としては、以下の1）、2）で述べるようなものがあり、これらは密接に関連し合っています。こうした取組みを、各園において効果的に進めていくことが大切です。

1）メンタルヘルス対策の「三つの段階」

職場のメンタルヘルス対策には、1次予防、2次予防、3次予防の三つの段階があります。

○1次予防【働きやすい環境をつくる】
　職場環境の改善は、心の健康の保持増進に効果的です。職場環境や人間関係、労働時間や仕事内容等の現状を把握し、働きやすい環境となるよう改善していくことが必要です。

○2次予防【早期発見・適切な対応】
　ストレス要因の除去（軽減）や保育者自身が行うストレスへの対処等の予防が大切です。職場内外の相談体制づくりやストレスチェック[*3]の機会の提供等があります。万一、不調を発見した場合には、早期に適切な対応を図る必要があります。

*2　類似の制度に、エルダー制度、ブラザー・シスター制度等があります。
*3　メンタルヘルス不調を未然に防ぐ目的で行われる「こころの健康診断」です。2015（平成27）年12月から、改正労働安全衛生法に基づいた「ストレスチェック」制度が施行され、50人以上を雇用する職場に実施が義務づけられています（50人未満の場合は努力義務）。

○３次予防【職場復帰支援・再発予防】

　メンタルヘルス不調による休職の場合、専門医の診療を経て円滑に職場復帰し、就業を継続できるようサポートすることが必要です。精神的なフォローや仕事面のケア等を行います。

参考：公立学校共済組合「教職員のメンタルヘルス対策の手引き」青森県教育委員会・公立学校共済組合青森支部、2014年

2）求められる「四つのケア」

　厚生労働省が公表した「職場における心の健康づくり～労働者の心の健康の保持増進のための指針～」に示されたものです。特に、保育現場においては、保育者自身の「セルフケア」の促進とともに、理事長・園長等の管理監督者による「ラインによるケア」の充実が必要です。

○セルフケア【保育者自身が行うケア】

　保育者自身が、安定した気持ちで勤務できるよう自己管理に努めること、自身のストレスに気づき、これに対処するための知識や方法を習得し、実行すること(ストレスマネジメント)が大切です。

○ラインによるケア【管理監督者が行うケア】

　職場環境等の把握と改善、職員からの相談対応、職場復帰における支援があります。日常的な職員の状況把握と速やかな初期対応、園務分掌の適切な実施と小集団によるケアの充実、主任等への適切なバックアップ、困難事案への適切なサポートを行います。

○職場内の保健スタッフ等によるケア【職場の健康管理担当者が行うケア】

　衛生管理者（推進者）と園医が職場の保健スタッフであり、セルフケアおよびラインによるケアの効果的実施のために支援を行います。

○職場外の資源によるケア【地方自治体、医療機関等が行うケア】

　情報提供や助言を受けるなどのサービスを活用すること、ネットワークの形成、職場復帰における支援等があります。

第5章　働きやすい園環境づくり

3）保育者自身のあり方

　上記の「セルフケア」に関しては、まず自身のストレスに気づくことが大切です。ストレスによる反応は、心理面、身体面、行動面の三つに現れます[*4]。過剰なストレス状態に陥ってしまった場合、ふだんの生活を振り返り、ストレスと上手に付き合うための方法を考える必要があります。ストレスに対処する行動（コーピング）[*5]を工夫することが、心や体の健康を良好に保つ秘訣であるといえます。

　保育者自身の心のあり方や対処法は大切です。日頃から、どのような姿勢で仕事に取り組んでいますか？　以下の観点から振り返ってみましょう。■

○「楽しさ」や「やりがい」を感じながら、いきいきと仕事（保育）をしていますか？

○ポジティブ思考で、困難なことにも前向きに取り組もうとする気持ちをもっていますか？

○適切な自己主張を心がけ、対人関係を良好に保つための対処を行っていますか？

ワーク

● 図5-1〜図5-3を参考に、園の職員の思い（本音）やストレスについて考えてみましょう。

● 立場や年代、保育経験年数等が異なる保育者同士が、安心して悩みを相談できるような雰囲気づくりをするためには、どうすればよいでしょうか？　話し合ってみましょう。

● 保育者間の意思疎通を十分に図り、保育観を共有し合えるようにするためにはどうすればよいか、話し合ってみましょう。

＊4　ストレスによる反応：【心理面】活気の低下、イライラ、不安、抑うつ（気分の落ち込み、興味・関心の低下）等。【身体面】体のふしぶしの痛み、頭痛、肩こり、腰痛、目の疲れ、動悸や息切れ、胃痛、食欲低下、便秘や下痢、不眠等。【行動面】飲酒量や喫煙量の増加、仕事でのミスや事故、ヒヤリハットの増加等。現在、職場におけるこころの病で最も多いのはうつ病です。気分が強く落ち込み憂うつになる、やる気が出ない等の精神的な症状のほか、眠れない、疲れやすい、体がだるい等の身体的な症状が現れた場合には、早めに専門家に相談することが大切です。

＊5　コーピングの種類によって、ストレスへのアプローチの仕方が異なります。「問題焦点型コーピング」は、直面する問題や状況の直接的な解決を目指したり具体的な対策を立てたりするアプローチで、職場での環境調整、仕事内容の調整等があります。「情動焦点型コーピング」は、自分の気持ちや感じ方、考え方を調整するアプローチで、ものの見方の枠組みを変える（リフレーミング）、出来事のプラス面に注目する、誰かに話して感情を吐き出すといったものがあります。

第 **3** 節 ICT の活用

**節の
ねらい**

● 業務範囲と業務の整理について考える
● ICT 活用の考え方と事例について学ぶ
● デジタルデータの特性とセキュリティについて学ぶ

　質の高い保育を目指すためには、保育記録などをもとにした保育の振り返りや、同僚と保育を語り合う時間、研修を受ける時間、明日の保育の準備をする時間など、子どもと向き合う時間以外の時間が必要です。限られた時間を有効に使うために、ミドルリーダーは日頃から先生たちの業務を把握し、ICT[6]などを活用しながら業務の効率化や省力化に努め、よりよい職場環境づくりに取り組むことが求められます。

❶ 業務範囲と業務の整理

1）業務量の把握

　幼稚園等には直接幼児とかかわる保育以外にも、いろいろな仕事があります。保育室の清掃、送迎バスの添乗、絵本の貸出、保護者会への参加、ボランティアへの対応、保育記録・指導要録・特別支援に関する記録・出席簿・おたよりの作成、配付プリントの印刷などなど。あげればきりがないかもしれません。しかし、業務の効率化を図るためには、まず自園で保育以外にどのような仕事があるのか、また、その仕事には、どれくらいの時間が必要なのか、全体像を把握することが大切です（表5-1）。

2）業務範囲の整理

　園にいる保育者は、保護者や子どもたちから一様に「先生」と呼ばれますが、実際には園にはさまざまな雇用形態と役職の先生がいて、それによって受けもつ仕事もさまざまです。正規職員の先生がする仕事、短時間勤務の先生がする仕事、担任がする仕事、補助に入る先生がする仕事。これらの仕事の範囲（業務範囲）が曖昧だと、業務の効率化を図ろうとしてもなかなか進みません。仕事の整理が必要です。その際、（「○○先生だから、この仕事」のように）人に仕事が割り当てられるのではなく、役職に仕事が割り当てられることが望ましいです。

....

　＊6　ICT とは「Information and Communication Technology」の略で、通信技術を使ったコミュニケーションを指します。そのため、パソコンを使うことと同義ではなく、コミュニケーション（共有・協働）が入ります。

第**5**章

働きやすい園環境づくり

133

表5-1 ● 業務の例

① 登降園に関する対応（通学路、バス利用等）	⑪ 保護者向け文書や書類の作成
② 通園バスの添乗	⑫ 保育記録などの園児理解
③ 園徴収現金の管理、徴収	⑬ 保護者会活動に関する業務
④ 給食時の対応（配膳、片付け）	⑭ 写真販売に関する業務
⑤ 園内の清掃、洗濯等	⑮ 保護者ボランティアや手伝いに関する業務
⑥ 提出物の管理等の処理	⑯ 指導計画等の作成
⑦ 園行事の準備や運営	⑰ 児童票や指導要録等の作成
⑧ 出席簿作成や登降園の管理	⑱ 遊具の安全管理
⑨ 保育で使用する教材の作成、準備	⑲ 支援が必要な園児・家庭への対応
⑩ 保育室の装飾や環境整備	

　園のなかの業務一覧と業務範囲が明らかになれば、効率化と省力化に取り組むことができます。小学校以降では、働き方改革として三つの視点で先生の業務を整理[*7]しています（表5-2）。このうち「基本的には学校以外が担うべき業務」は、幼稚園等にはなかなかあてはまりませんので、幼稚園・認定こども園の場合は、①保育者の専門性が必要な業務、②園の業務だが、必ずしも保育者が担う必要のない業務、③保育者の業務だが、負担軽減が可能な業務、として整理できるかもしれません。各園の実態に

表5-2 ● 園業務の整理の視点
　　　　（参考：これまで学校・教師が担ってきた代表的な業務のあり方に関する考え方）

基本的には学校以外が担うべき業務	学校の業務だが、必ずしも教師が担う必要のない業務	教師の業務だが、負担軽減が可能な業務
①登下校に関する対応 ②放課後から夜間などにおける見回り、児童生徒が補導された時の対応 ③学校徴収金の徴収・管理 ④地域ボランティアとの連絡調整	⑤調査・統計等への回答等 　（事務職員等） ⑥児童生徒の休み時間における対応 　（輪番、地域ボランティア等） ⑦校内清掃 　（輪番、地域ボランティア等） ⑧部活動（部活動指導員等）	⑨給食時の対応 　（学級担任と栄養教諭等との連携等） ⑩授業準備（補助的業務へのサポートスタッフの参画等） ⑪学習評価や成績処理（補助的業務へのサポートスタッフの参画等） ⑫学校行事の準備・運営 　（事務職員等との連携、一部外部委託等） ⑬進路指導 　（事務職員や外部人材との連携・協力等） ⑭支援が必要な児童生徒・家庭への対応 　（専門スタッフとの連携・協力等）
※その業務の内容に応じて、地方公共団体や教育委員会、保護者、地域学校協働活動推進員や地域ボランティア等が担うべき。	※部活動の設置・運営は法令上の義務ではないが、ほとんどの中学・高校で設置。多くの教師が顧問を担わざるを得ない実態。	

出典：文部科学省「新しい時代の教育に向けた持続可能な学校指導・運営体制の構築のための学校における働き方改革に関する総合的な方策について（答申）（第213号）」32頁

・・

＊7　学校の具体的事例は園でも参考になります。

応じて整理してみてはどうでしょうか。その際、解決の方法としてICTを活用することも有効な方法の一つです。

② ICT の活用

1）ICT を活用する考え方と事例

業務効率化の方法の一つとして、ICTの活用（表5-3）があります。ICTを活用するメリットは「自動化」と「共有化」です。人の手を使うと時間や手順（手間）がかかるものを自動的に正確かつ瞬時にやってくれます（IoT[*8]）。また、紙だとコピーをしなければ共有できない情報を、場所に関係なく複数の人が同時に知ることができます。園内の業務を「時間と手順（手間）がかかるもの」「共有化が必要なもの」の視点で整理すると、ICT化によって効率化・省力化できるものが見えてくるでしょう。

特に、保育の記録や子どもの育ちの保護者との共有では、ICTのメリットが活かされます。今まで

表5-3 ● 保育事業者における IoT/IT 技術の導入例

【保育業務関連】

業　務	業務内容	IoT/IT 技術を活用した製品の例
登園・降園	・登園状況を確認 ・降園状況を確認 ・延長保育の状況等を把握	・ICカード、タッチパネルにより打刻データを記録し任意のフォーマットで出力 ・タッチパネルによる打刻データから出欠情報や延長保育等の集計を自動化 ・アプリ上で登園・欠席・遅刻などの状況を保護者から施設へ連絡
昼食・おやつ	・給食の提供 ・アレルギー対策	・アレルギー情報を一元的に管理 ・児童の状況に合わせて、食物アレルギーの原因食材が含まれる献立を自動的に明示
昼寝	・午睡状況のチェック	・センサで体の向きを検知し、所定の時間間隔に基づきPC・タブレット等へ自動で記録
記録・事務処理	・連絡帳、日誌作成など	・スマート体温計での検温結果をPC・タブレット等へ自動で記録 ・日誌・連絡帳の入力、検温、食事、午睡、排便チェック等の結果のスマートデバイスからの入力、連絡帳への自動転記が可能 ・端末で日々の出来事を入力し連絡帳作成が可能
指導計画	・園児の成長の状況に応じた指導計画の作成	・日誌や発達経過記録等の帳票と連動した指導計画作成を支援 ・日々の記録を基に指導計画作成を支援 ・参考データの整理、文章入力の効率化
保育所児童保育要録	・園児の発達・発育等の状況、指導の過程等を記録	・保育経過記録を基に保育所児童保育要録の作成を支援

出典：経済産業省「保育現場のICT化・自治体手続等標準化検討会報告書」3頁、2018年

- -

＊8　IoT とは「Internet of Things」の略でモノのインターネットと訳されます。読み方はアイオーティーです。インターネットにつながったセンサー機器などもこれに含まれます。

手作業で文章や写真などを使いまとめていたものを、パソコン上で容易に作成することができます（自動化）。また、子どもの育ちに関しても、文章だけではなく画像や動画を使ってインターネットを介して、保護者はもちろん保育者同士でも共有し（共有化）、さらにそれを長期にわたり保存することができます。

2）ICT 活用の課題

近年、幼稚園・認定こども園向けの保育業務支援システム[*9]が数多く出されています。システムの導入は費用もかかることから、ミドルリーダーの権限で決めることは少ないですが、導入にあたっては、何の業務を効率化・省力化したいのか、ミドルリーダーの視点で現場の保育者と設置者や園長との橋渡し役となり、働き方改革につながるように動くことが期待されます。

また、ICT 活用の課題として、使い方がよくわからないということがあります。比較的若い世代の保育者は、ICT が得意なことが多いです。日頃の保育では先輩から教えられる立場の若い先生たちが、ICT では教える側に回ることができます。保育と業務の教え合いをうまく組み合わせ、世代間や得手不得手のある先生の間で、ともに学び合う関係づくりに配慮することが、よりよい職場環境づくりにもつながるでしょう。

一方、育ちの共有においては、インターネットを介して手軽に共有できるようになるため、ややもすると子どもの様子の報告や表面的な理解にとどまることがあります。幼児教育における子ども理解の視点に立ち、ICT を活用した育ちの姿の共有になるよう留意しなければいけません。

❸ デジタルデータの利用とセキュリティ

1）デジタルデータの保管と利用

デジタルデータは情報の共有化だけでなく、同時使用、共同編集ができることも大きな強みです。そのためには、誰もが使える場所にデータが保管されている必要があります。クラウドサービス[*10]などを利用し、園内だけでなく園外からもアクセス可能な保管の方法を検討してみてください。クラウド化は、水害（水没）や地震（電源喪失）といった自然災害によるデータの損失などを防ぐ意味合いもあります。

2）セキュリティ

ICT を使い園の様子を SNS 等[*11]で伝える園が増えてきました。特定の個人を識別できる画像は個

＊9 保育業務支援システムとは、保育に関連する業務を ICT を使って業務負担軽減と保育の質向上につながるシステムのことを指します。
＊10 クラウドサービスは、従来は利用者が手元のコンピュータで利用していたデータやソフトウェアを、ネットワーク経由で利用できるようにするサービスです。
＊11 主 な SNS と し て Twitter、Facebook、Instagram のほか、保育業務支援システムに付属したサービスもあります。

人情報に該当します。子どもの画像を使用する場合は、個人情報の取り扱いについて使用目的や使用範囲などを事前に確認しておく必要があります。

　また、デジタルデータの特性として、「複製が容易である」「編集や加工が可能である」ということがあります。インターネットを介してデータの保管や共有をしている場合は、園内のインターネットセキュリティについて一定の対策をとるとともに、どのデータ（情報や資料）をどの職務範囲の教職員にまで使用できるようにするのかといった点などについて、事前に取り決めやマニュアルを作成しておくことが大切です。また、保護者についても、利用に関するルールを決めておくとよいでしょう。　■

ワーク

- グループで自園の業務をあげ、業務の全体量と全体像を見える化してみましょう。
- 職務範囲の整理をして、ICTを活用した効率化や省力化が可能かどうか、話し合ってみましょう。
- 保育の質を高めるICTの活用の仕方やそのときに気になること、気をつけたほうがよいことを話し合ってみましょう。

第5章　働きやすい園環境づくり

ICT 活用の功罪

　保育士の業務負担の軽減の一翼を担うものとして、ICT の導入が期待されています。登園管理、検温、午睡チェック等に IoT/IT 技術を活用することは、人と機械によるダブルチェックにつながり、安全・安心を担保するうえで大きな意味をもつものとなるでしょう。また、いわゆる「書き物」が少なくない保育現場において、そのアナログな作業の省力化や効率化が図られるメリットは確かにあります。

　例えば、日々の保育の記録の基本（起点）は「子ども理解（「事実」に基づく「解釈」）」にありますが（第 3 章第 2 節参照）、この「子どもの姿（事実）」や「育ち（解釈）」は、保護者との間でも「共有」が目指されるべきものにほかなりません。しかも、これは当該保育者にとっては、自らの保育を振り返り、翌日の保育へと結びつけるために記している記載内容と、その多くで重複することになっているでしょう。したがって、日誌にも連絡帳にもお便りにも自動的に転記される等の仕組みは、明らかに「記載」するという業務の軽減を実現し、「共有化」を促すものとなるでしょう。

　しかし、一方でこうした記録は「人材育成」と分かちがたく結び付いている点も考慮する必要があります。というのも、第 3 章第 2 節に既述したとおり、「事実」を拾うことはそれ自体「専門性」に属しています。同一場面を見ていても、「専門性」の違いで、拾える「事実」は異なります。当たり前ですが、一般的には経験年数の若い先生方では、その拾う「事実」の精度は必ずしも高くありません。だからこそ、必要ない前後の情報を含め、たくさんの量を拾い（たくさんの文字を書き）、それを先輩保育者の記載と見比べるなかで、あるいは、先輩保育者との対話のなかで、何を記すかを見出し（気づき）、精度を上げていくことで「専門性」の向上が図られていくのです。

　今日、さまざまな事業者が参入し、さまざまな書式をもつシステムがそこには見られます。ある事業者のものは、日々の記録が数行しか記載できないような形式であったり、画面上では週全体を俯瞰して把握できないような週日案の記載書式だったりします。当然のことですが、その場合、若い先生方にとってはその学びへの習熟への階段は、決して上りやすいものではないでしょう（その意味では、効率的でも効果的でもない場合が少なくないのです）。

　記録の書式は実は多様であり、本来、当該保育者の知りたいこととの関連や、取り組みたい「専門性」との関連で自在に変化させて設定したほうが、「育成」という面では明らかに効果的です。でも、そうした個別性は標準化とは相性が悪くならざるを得ません。その折り合いをどうつけるか。それは、まさに各園のなかのマネジメント推進を担う人材の識見にかかってくるのかもしれません。

参考文献

▶ 加藤由美『保育者のためのメンタルヘルス——困難事例から考える若手保育者への心理教育的支援』福村出版、2018年

▶ 加藤由美・安藤美華代「若手保育者の離職防止に向けて——園長を対象とした質問紙調査から」『保育学研究』59（1）、2021年

▶ 加藤由美「若手保育者の困難感と対処に着目した心理教育的介入に関する研究」兵庫教育大学大学院 連合学校教育学研究科 学校教育実践学専攻、博士論文、2016年

▶ 公立学校共済組合「教職員のメンタルヘルス対策の手引き」青森県教育委員会・公立学校共済組合青森支部、2014年

▶ 厚生労働省独立行政法人労働者健康安全機構「職場における心の健康づくり——労働者の心の健康の保持増進のための指針」2017年

▶ 厚生労働省「働く人のメンタルヘルス・ポータルサイト こころの耳」

QR コード ▶

▶ 文部科学省「教職員のメンタルヘルス対策について」教職員のメンタルヘルス対策検討会議、2013年

QR コード ▶

▶ 文部科学省「新しい時代の教育に向けた持続可能な学校指導・運営体制の構築のための学校における働き方改革に関する総合的な方策について（答申）（第213号）」2019年

QR コード ▶

▶ 文部科学省「全国の学校における働き方改革事例集」2021年

QR コード ▶

▶ 経済産業省「保育現場のICT化・自治体手続等標準化検討会報告書」2018年

QR コード ▶

資　料

保育者としての資質向上研修俯瞰図

保育者としての資質向上研修俯瞰図

一般財団法人全日本私立幼稚園幼児教育研究機構

		Hop	Step	Jump
A 愛されて育つ子ども	子どもの人権	**A1-Ⅰ　子どもの理解**〈多様な子どもの受容〉○家庭環境、人種、職業等の違いの認識○差別的な言葉・表現の理解〈人権を守る保育〉○子どもの人権と権利の理解○性差／個体差の認識と共有〈支援を要する保育〉○インクルーシブ・特別支援教育の理解	**A1-Ⅱ　子どもの理解**〈多様な子どもの受容〉○家庭環境、人種、職業等の違いの理解〈人権を守る保育〉○子どもの人権と権利の共有○子どもの権利条約（生きる権利、育つ権利、守られる権利、参加する権利）の理解○ハラスメント・ジェンダーの認識〈支援を要する保育〉○インクルーシブ・特別支援教育の共有	**A1-Ⅲ　子どもの理解**〈多様な子どもの受容〉○家庭環境、人種、職業等の違いの共有〈人権を守る保育〉○人権教育論の理解と共有○子どもの人権と権利の擁護○少年法／児童福祉法／発達障害者支援法／家族法／児童憲章等の理解と共有○子どもの権利条約（生きる権利、育つ権利、守られる権利、参加する権利）の理解と共有○ハラスメント・ジェンダー・マイノリティ・共生社会・合理的配慮の共有〈支援を要する保育〉○インクルーシブ・特別支援教育の体制構築
	子どもの健康と安全（健康的な園生活）	**A2-Ⅰ　健康的な園生活**○視診・触診○家庭との連絡（既往症と持病、アレルギーの把握・対応・配慮）○心理面のケア／アタッチメント○身体測定、健康記録○健康衛生指導○生活習慣指導○健康診断○与薬（薬機法）○就寝管理／呼吸確認（定時・SIDS対応）○救急法（ケガの対応・心肺蘇生法・AED等）○エピペン等への対応	**A2-Ⅱ　健康的な園生活**○食育（栄養管理）○食品衛生○園医等との連携○保護者への健康（保健だよりも含む）・栄養指導と支援○家庭への生活習慣指導と支援○与薬（薬機法）○エピペン等への対応○園医・園歯科医・医療機関との連携○愛着（アタッチメント）理論	**A2-Ⅲ　健康的な園生活**○食環境○栄養指導と支援（家庭向け）○伝染病への対応○施設の衛生管理○薬品管理○子どもの生活環境に対する分析と提言○与薬（薬機法）
	子どもの健康と安全（安全な園生活）	**A3-Ⅰ　安全な園生活**○救急法（ケガ、心肺蘇生法・AED、誤飲・誤食等）○安全指導、安全管理○積極的なヒヤリハットの活用○自園の安全管理マニュアルの理解と確認○災害・危機管理マニュアル、危険予知・予防（遊具・園庭環境・園外保育・有害動植物等）○侵入者防御／対応	**A3-Ⅱ　安全な園生活**○小児保健（疾病含む）、校医との連携○災害管理、安全確認（遊具施設、園内環境）○後輩への安全指導○リスクマネージメント○危機管理マネージメントー防災計画・訓練（マニュアル）の検証	**A3-Ⅲ　安全な園生活**○健康管理○責任者論○リスクマネージメント○危機管理マネージメントー防災計画・訓練（マニュアル）の企画・立案・作成・実施○重大事故・事件の報告・公表
	愛されていると感じられる保育	**A4-Ⅰ　愛情深い保育**○心の教育・保育、心・情動に向き合った保育○人間観・子ども観○愛されていると感じられる保育○安心・安全を感じられる保育	**A4-Ⅱ　愛情深い保育**○心の教育・保育、心・情動に向き合った保育○人間観・子ども観○宗教保育（仏教保育、神社保育、キリスト教保育等）	**A4-Ⅲ　愛情深い保育**○愛・感謝・希望を育む保育○宗教性を基盤に置いた保育

		Hop	Step	Jump
		○自己肯定感・自尊感情の醸成 ○虐待・ＤＶ防止	○愛・感謝・希望を育む保育 ○愛着形成（家庭・地域社会と共有）	
B 子どもと共に育つ保育者	人間性豊かな保育者	B1-Ⅰ　人間性を磨く 〈視野の拡大〉 ○感性を磨く（芸術や美術に触れる） ○社会的活動（地域活動への参加など） ○ボランティア活動 ○積極的にリフレッシュする	B1-Ⅱ　人間性を磨く 〈視野の拡大〉 ○異業種体験 ○他園実習研修 ○リフレッシュの重要性を理解する	B1-Ⅲ　人間性を磨く 〈視野の拡大〉 ○海外研修 ○自らへの投資を意識づける ○リフレッシュのタイミングを理解し、提案する
	子どもの心に寄り添い、共に生活し育ち合う	B2-Ⅰ　子どもの理解 〈育ちの理解〉 ○幼児期の発達理解 〈子ども理解〉 ○多様な理解があることを知る 〈子どもを評価する様々な技能や客観化する手法（評価のスケール等）の研修〉 ○評価方法を知る 〈公開保育〉 ○自園で他の保育者の保育を見る ○他園の公開保育に参加し自園との違いを感じる 〈エピソードの記述〉 ○語り合いながら、育ちや学びを共有することを知る	B2-Ⅱ　子どもの理解 〈育ちの理解〉 ○乳児期と児童期の理解 〈子ども理解〉 ○多様な理解をする 〈子どもを評価する様々な技能や客観化する手法（評価のスケール等）の研修〉 ○評価を使いこなす 〈公開保育〉 ○自園で自分の保育を見てもらい意見をもらう ○他園の公開保育に参加し自園の良さと課題を理解する 〈エピソードの記述〉 ○語り合ったり、記述したりすることを理解する	B2-Ⅲ　子どもの理解 〈育ちの理解〉 ○青年期（生涯）の理解／生涯発達心理の理解 〈子ども理解〉 ○多様な理解を提案し、その人らしさを引き出す 〈子どもを評価する様々な技能や客観化する手法（評価のスケール等）の研修〉 ○評価方法を考案する 〈公開保育〉 ○自園で互いの保育を見合い、園全体で共有する ○自園の保育を他園に公開する ○他園の公開保育に参加し自園と他園をコーディネートする 〈エピソードの記述〉 ○エピソードからの多様な読み取りを提案する
	遊びの専門性	B3-Ⅰ　豊かな遊び 〈アウトドア体験〉 ○自然と触れ合い遊び方を知る 〈プレイパーク、遊び場研修〉 ○魅力的な遊び場を体験する 〈生き物と触れ合う（命と触れ合う）体験、自給自足体験〉 ○生き物と触れ合い、育て方を知る 〈自分の得意分野を持ち、保育に生かす〉 　絵画・造形・音楽・運動等の分野とそれ以外の分野 ○得意分野を知る	B3-Ⅱ　豊かな遊び 〈アウトドア体験〉 ○遊びを工夫する 〈プレイパーク、遊び場研修〉 ○遊び場を創造する（園内） 〈生き物と触れ合う（命と触れ合う）体験、自給自足体験〉 ○生き物の知識などを増やす 〈自分の得意分野を持ち、保育に生かす〉 　絵画・造形・音楽・運動等の分野とそれ以外の分野 ○得意分野を磨く	B3-Ⅲ　豊かな遊び 〈アウトドア体験〉 ○遊びを創りだし提案する 〈プレイパーク、遊び場研修〉 ○遊び場を再生する（地域） 〈生き物と触れ合う（命と触れ合う）体験、自給自足体験〉 ○生き物を生活に取り込む 〈自分の得意分野を持ち、保育に生かす〉 　絵画・造形・音楽・運動等の分野とそれ以外の分野 ○個の得意分野を園全体の保育に生かす
	社会人としての役割	B4-Ⅰ　社会人としての自覚 〈社会人としての姿〉 ○社会人としてのモラル、ルール、マナーを知る ○自分の仕事を理解し、慣れる ○組織の一員としての自覚を持つ ○クラス担任の仕事を理解する	B4-Ⅱ　社会人としての自覚 〈社会人としての姿〉 ○積極的にルールやマナーを理解する ○組織の一員として期待される役割を意識する ○自分の仕事の目的・役割を認識する ○学年としての見通しを持つ	B4-Ⅲ　社会人としての自覚 〈社会人としての姿〉 ○リーダーとしてのモラル、ルール、マナーを知る ○保育者としてのあり方を具体的に自らが示す ○組織の活性化を図る ○仕事の目的・目標を明確化する ○仕事の効率化を図る

		Hop	Step	Jump
	自園の保育の理解と実践	**B5-Ⅰ 自園の保育の理解と実践** 〈自園理解（建学の精神・園としての持ち味）〉 ○自園の教育・保育理念を理解する ○自園の教育課程を理解する 〈日常の保育の点検〉 ○保育のねらいを理解し意識する ○園のルールを知り、理解する 〈行事〉 ○行事の意義を知る	**B5-Ⅱ 自園の保育の理解と実践** 〈自園理解（建学の精神・園としての持ち味）〉 ○自園の教育・保育理念の特長を理解する ○教育課程を編成する 〈日常の保育の点検〉 ○保育のねらいを点検し見直す ○園のルールを検証し見直す 〈行事〉 ○行事を点検・検証し見直す	**B5-Ⅲ 自園の保育の理解と実践** 〈自園理解（建学の精神・園としての持ち味）〉 ○自園の教育・保育理念の特長を継承し課題を改善する ○自園の教育・保育理念を編成し明文化する ○教育課程を見直し再編する ○自然環境・遊び場マップをつくる ○子育て講座を実践する 〈日常の保育の点検〉 ○意見を集約し再構成する ○保育の目的やルールの意義を評価し見直しを投げかける 〈行事〉 ○意見を集約・検証し再構成する
	職場における同僚性	**B6-Ⅰ 同僚性を高める** 〈人間関係力〉 ○尋ね、相談する ○積極的にコミュニケーションを図る ○メンター（助言者）等に協力を求める ○ワークショップに参加する	**B6-Ⅱ 同僚性を磨く** 〈人間関係力〉 ○指導、助言が相手の立場に立ってできる ○リーダーの役割を学ぶ ○メンターを指名する ○メンターの役割を担う	**B6-Ⅲ 同僚性を磨く** 〈人間関係力〉 ○ワークショップを運営する ○次代のリーダーを育てる
C 教育・保育理論	保育の歴史や思想を知る	**C1-Ⅰ 歴史と思想** ○現代社会における子どもの問題 ○現代の教育・保育施設の誕生と理念	**C1-Ⅱ 歴史と思想** ○社会変化と子どもの状況 －保育思想の芽生え ○保育制度や乳幼児期養育施設の変遷	**C1-Ⅲ 歴史と思想** ○現代の保育制度と保育理念 ○多層化する保育ニーズ
		○ジョン・ロック、ルソー、ペスタロッチ、フレーベル、デューイ、エレン・ケイ、モンテッソーリ、ニール、シュタイナー、マラグッティ　など ○オーベルランの幼児保護所、オーエンの幼児学校、フレーベルのキンダーガルテン、モンテッソーリの子どもの家、マクミランの保育学校、ニールの自由学校、シュタイナー学校、レッジョエミリヤ市の幼稚園 ○ヘッドスタート計画		
	保育を支える発達の理論を知る	**C2-Ⅰ 発達理論** 〈発達に即した保育〉 ○保育から見取る身体的・知的発達 ○保育を通して見る発達段階と保育課題 〈発達の基礎理論〉 ○幼児期の育ち 　身体の育ち、情動の育ち、言葉の育ち、知的な育ち、友達関係の育ち	**C2-Ⅱ 発達理論** 〈発達に即した保育〉 ○応答的に環境にかかわることの意味 ○自我の発達と家族関係の心理 －愛着の形成とホスピタリズム－ ○子どもの姿と発達理論上の相違の理解 〈発達の基礎理論〉 ○乳児期から児童期の育ち 　社会性の育ち、道徳性の育ち、認知機能の育ち、自我・性格の育ち	**C2-Ⅲ 発達理論** 〈発達に即した保育〉 ○応答的な人的環境とは ○保育者の心理 ○現代の社会環境での発達の課題 〈発達の基礎理論〉 ○生涯発達の視点 　主要な発達論の理解と乳児期、幼児期、児童・青年期の連続性とその規定要因の理解
		○ピアジェ、ビゴツキー、ワロン、エリクソン、ハーヴィガースト、ボールビイ、アインスワース　など ○発達のとらえ方、発達段階説、発達の最近接領域、発達課題、内言語、愛着の形成、「母性的養育の喪失」の問題		

		Hop	Step	Jump
	日本の保育制度を知る	**C3-Ⅰ　制度の理解** 〈保育の歴史〉 ○我が国の保育施策と保育施設 　－社会の変容と保育施策 　－子育て・保育に関する報道から見える考え方 　－ベビーホテル等の保育環境 〈教育・保育制度〉 ○幼稚園・保育所・こども園・認可外保育施設の違い ○学校と児童福祉施設の違い 　－家庭を補完し、発達を援助する 　－幼児を保護し、家族を支援する	**C3-Ⅱ　制度の理解** 〈保育の歴史〉 ○保育制度の歴史と自園の設立の経緯 〈教育・保育制度〉 ○自園を取り巻く環境と保育制度の関係 　－労働環境・家庭環境と開園時間など ○少子化時代の乳幼児教育施設 　－エンゼルプラン・次世代育成支援法、子ども・子育て支援法などの政策とその意味	**C3-Ⅲ　制度の理解** 〈保育の歴史〉 ○創生期の幼児教育施設とその思想的リーダー ○社会情勢の変化に伴う教育施設の変遷と多様化 　－幼稚園・保育所の成り立ち 〈教育・保育制度〉 ○保育制度の多様化が生む教育・保育観の違い 　－幼稚園・保育所の歴史的経緯 　－児童中心主義と教師（大人）中心主義 　－経験主義的学力観と系統主義的学力観 ○平成元年の幼稚園教育要領改訂の意義 ○発達・保育履歴の継続など制度上の問題点 ○現代的課題と保育者・保育団体の役割
		○東京女子師範学校附属幼稚園、新潟静修学校付属の幼児施設、二葉幼稚園、頌栄保姆伝習所 ○倉橋惣三、城戸幡太郎、A．L．ハウ女史　など ○幼稚園令、保育要領から幼稚園教育要領、保育所保育指針、認定こども園教育・保育要領		
D 子ども理解	子どもの育ちと記録のとり方（育ちの理解）	**D1-Ⅰ 育ちの理解（事例研究）** ○胎児から誕生までの育ち ○誕生から就学までの育ち ○身近な大人との関係の中での育ち 　－基本的信頼感、愛着形成、自我の芽生え、自己主張 ○自己肯定感と自己有能感の獲得 ○子ども同士の関係の中で 　－自己発揮、自己抑制、自律の獲得 　－一人遊び〜集団遊び、ごっこ遊び 　－母子分離、けんか、協同する経験	**D1-Ⅱ 育ちの理解（事例研究）** ○認知の発達（育ちの節目の理解） ○協同的学びの展開 ○縦割り保育、異年齢交流を実践する ○目に見えない内面や心情の理解（非認知的能力の育ち） ○同僚性を基盤としたチームとしての学び合い	**D1-Ⅲ 育ちの理解（事例研究）** ○園の教育・保育理論の確立（リーダーとして） 　子ども理解に始まる保育・教育 　乳児期の保育と幼児期の教育の一体化（インテグレーション） ○学童期の発達の姿（スタートカリキュラムの理解） ○人生の基礎を培う乳幼児期 　コミュニケーション力・社会人基礎力・批判的思考力
	子どもの育ちと記録のとり方（育ちの記録）	**D2-Ⅰ 育ちの記録（取る）** ○個人記録 ○保育日誌 ○様々な記録（エピソード、環境図、写真、動画）	**D2-Ⅱ 育ちの記録（利用する）** ○日誌からエピソードへ ○保護者との育ちの共有 　エピソード、ドキュメンテーション、ポートフォリオ 　※写真等の活用 ○肯定的視点による記録 ○集団の記録 ○個別記録の引き継ぎ	**D2-Ⅲ 育ちの記録（生かす）** ○エビデンスに基づく育ちの検証と記録ができる ○園内研修（ケース会議）を企画する 　－子ども理解から始まる教育・保育実践 ○園内研修の実施とファシリテーション ○保育へのフィードバック ○研修の目的を達成する
	特別支援教育	**D3-Ⅰ 特別支援教育の理解**	**D3-Ⅱ 特別支援教育の保育実践**	**D3-Ⅲ 特別支援教育の環境整備**

		Hop	Step	Jump
		○特別支援とインクルーシブ教育 ○様々な障がいの基礎知識（自閉症スペクトラム、合理的配慮等） ○特別支援教育の実践基礎	○園内の連携、家庭との連携（家庭支援） ○個別の指導計画	○ケースカンファレンス ○基礎的環境整備 ○個別の教育支援計画 ○小学校、専門機関との連携
E 保育実践	幼稚園教育要領、認定こども園教育・保育要領と各園の教育・保育課程	E1-Ⅰ 自園の教育・保育課程 ○教育・保育課程が目指す理念の理解 ○教育・保育課程を生かした指導計画の作成	E1-Ⅱ 自園の教育・保育課程 ○教育・保育課程が目指す理念の理解と共有 ○教育・保育課程を生かした指導計画の検証と、保育現場における課題の明確化 ○教育要領、教育・保育要領などと自園の教育・保育課程との関連性の理解	E1-Ⅲ 自園の教育・保育課程 ○自園の教育理念の明確化 ○教育要領、教育・保育要領などと自園の教育・保育課程との整合性の検証 ○誕生から小学校以降までの育ちを見通した教育・保育課程の編成、解説、共有、見直し ○幼児教育の社会的意義を社会に発信する方策とエビデンス
	実践の基礎となる知識など	E2-Ⅰ 実践のための知識 〈様々な保育形態〉 ○異年齢混合保育、チーム保育、預かり保育などの理解 〈個と集団〉 ○個と集団の関係性の理解 〈年齢に応じたかかわり〉 ○年齢や発達に応じた保育内容やかかわりを理解する ○年齢や発達を考慮した学級運営の基礎知識 〈遊びの知識と理解〉 ○伝承遊び、自然とかかわる遊び、新しい遊び 〈教材の知識と理解、作成〉 ○各教材の使い方の理解 ○教材の選択、作成 〈発達や学びの連続性の保障〉 ○保育所保育指針等や小学校学習指導要領の基本的理解	E2-Ⅱ 実践のための知識 〈様々な保育形態〉 ○異年齢混合保育、チーム保育、預かり保育などへの柔軟な対応 〈個と集団〉 ○個と集団の関係を生かした学級運営の実践 〈年齢に応じたかかわり〉 ○年齢や発達に応じた保育内容やかかわりの検証 ○年齢や発達を考慮した学級運営の検証 〈遊びの知識と理解〉 ○遊びの意味と育ちへのつながり ○自然発生的な遊びの重要性 〈教材の知識と理解、作成〉 ○各教材と育ちへのつながりの理解 ○教材の選択、作成、改良 〈発達や学びの連続性の保障〉 ○乳児期の保育や小学校以降の学習へのつながりを意識した保育	E2-Ⅲ 実践のための知識 〈様々な保育形態〉 ○自園の教育理念に基づく保育形態の選択 ○保育形態への理解を促す解説、価値観の共有 〈個と集団〉 ○個と集団の関係を生かした園の体制づくり 〈年齢に応じたかかわり〉 ○年齢や発達に応じた保育内容やかかわりを、生涯の育ちという観点から検証 〈遊びの知識と理解〉 ○遊びの意味と育ちへのつながりの解説と共有 〈教材の知識と理解、作成〉 ○各教材と育ちへのつながりの解説と共有 ○教材の開発 〈発達や学びの連続性の保障〉 ○乳児期の家庭支援や小学校以降の学習との連続性を意識した基礎的環境整備
	指導計画から保育の立案へ	E3-Ⅰ 計画の立案 〈保育の理解と計画〉 ○心情、意欲、態度の育ちの基本 ○環境を通しての保育の基本 ○遊びを通しての育ちと学びの基本 ○協同的な遊びと学びの基本 〈保育案等の作成〉 ○主体性が生きる保育案の工夫 ○行事の意義の理解	E3-Ⅱ 計画の立案 〈保育の理解と計画〉 ○心情、意欲、態度の育ちを意識した実践 ○環境を通しての保育の実践 ○遊びを通しての育ちと学びの実践 ○協同的な遊びと学びの実践 ○遊びや活動を充実させる時間設定の工夫 〈保育案等の作成〉 ○実践に生きる保育案のあり方と再構築の考察	E3-Ⅲ 計画の立案 〈保育の理解と計画〉 ○遊びや活動を充実させる時間的な環境づくり ○現場で生きる指導計画や保育案のフォーマット作成 ○指導計画の存在と大切さを社会に発信する方策 〈保育案等の作成〉 ○保育案等に基づく保育者の指導

		Hop	Step	Jump
		○特別支援教育における個別指導の理解、計画の作成 ○０、１、２歳児における個別指導の理解、計画の作成	○行事の立案 ○特別支援教育を充実させる個別指導計画のあり方 ○０、１、２歳児保育を充実させる個別指導計画のあり方	○行事の立案と再構築 ○特別支援教育を充実させる個別指導計画の作成指導 ○０、１、２歳児保育を充実させる個別指導計画の作成指導
環境の構成		E4-Ⅰ 環境の構成 ○環境構成の重要さの理解 ○自然環境、飼育と栽培、人工的な教材等の基本的な知識と理解 ○魅力的な環境づくりのための技術の習得 ○環境の要としての保育者のあり方 ○子どもと共に環境をつくり出すことの意義 ○コーナー保育などの理解	E4-Ⅱ 環境の構成 ○環境構成と再構成の重要さの理解 ○自然環境、飼育と栽培、人工的な教材等の構成と応用 ○魅力的な環境づくりのための技術の応用 ○環境の要としての保育者のあり方 ○子どもと共に環境をつくり出す方策 ○落ち着ける環境の理解と創出 ○地域資源（自然、文化、人材、伝承行事等）の発見と活用法の創出	E4-Ⅲ 環境の構成 ○環境の構成と再構成を進めやすい基盤づくり ○環境と保育者、子どもの関係の明確化 ○自然環境、飼育と栽培、人工的な教材等の精査、導入 ○地域資源（自然、文化、人材、伝承行事等）の活用につながる基盤づくり ○環境づくりの技術指導
保育の実践		E5-Ⅰ 指導、援助、見守り等の実践 ○子どもに寄り添う共感的な対応 ○子どもに対して使う言葉の精査と非言語の表現（表情、まなざし、身体表現等）の理解 ○具体的な保育技術、実践内容の習得 ○手段としての保育の理解 　遊びの伝承と創造の実践 　子どもの主体性の尊重 　子ども一人一人の違いの理解 　個と集団の関係を意識した実践	E5-Ⅱ 指導、援助、見守り等の実践 ○指導、援助、見守り等の適切な使い分け ○子どもに対して使う言葉や非言語の表現の適切な使い分け ○質の高い保育技術、実践内容の精査、継承 ○手段としての保育の継承 　子どもの育ちに生きる遊びの伝承と創造 　子どもの主体性を伸ばす実践のあり方 　子ども一人一人への適切な対応 　一人一人を生かす集団保育のあり方 ○園独自の文化の理解と継承	E5-Ⅲ 指導、援助、見守り等の実践 ○安心して実践を進められる基盤づくり ○保育技術や実践内容の取り入れや検証をする仕組みづくり ○保育技術や遊びが継承していく仕組みづくり ○園独自の文化の創造と精査、継承していくための方策と風土づくり
観察と記録		E6-Ⅰ 記録 〈観察の視点〉 ○様々な観察の視点の理解と思考 〈記録方法〉 ○様々な記録方法の理解 　個人の記録と集団の記録 　エピソード記録、記述など 〈記録の整理と活用〉 ○記録の整理の理解と思考	E6-Ⅱ 記録 〈観察の視点〉 ○観察の視点の適切な使い分け 〈記録方法〉 ○よりよい記録方法の工夫 〈記録の整理と活用〉 ○記録の整理による共有と活用	E6-Ⅲ 記録 〈観察の視点〉 ○観察の視点についての指導 〈記録方法〉 ○よりよい記録方法の作成、見直し 〈記録の整理と活用〉 ○記録の共有と活用の仕組みづくり
保育の振り返りと評価		E7-Ⅰ 実践の評価 ○評価の意義の理解 　自分の実践を客観的に振り返り、課題を発見する手段として	E7-Ⅱ 実践の評価 ○評価方法の精査と園内での評価結果の共有 ○保育者間のカンファレンスのあり方	E7-Ⅲ 実践の評価 ○評価結果に基づく社会への発信 ○情報共有ができる同僚性の豊かな保育者集団の醸成

		Hop	Step	Jump
		○保育者間のカンファレンスの意義 ○計画、実践への反映の理解と思考	○園の課題の発見と園内での共有 ○計画、実践への適切な反映	○社会の課題の発見と共有 ○計画、実践に反映できる仕組みづくり
F 子どもが育つ家庭や地域	保護者・地域との連携	F1-Ⅰ 連携の視点 〈保・幼・小の連携を学ぶ〉 ○幼児と児童の交流を知る ○保・幼・小の教職員同士の交流を知る ○小学校のスタートカリキュラムを学ぶ 〈保護者との連携ができる〉 ○連絡帳の活用方法 ○コミュニケーションの方法を学ぶ ○保護者との懇談会等のあり方を学ぶ 〈教育相談の方法と実践を知る〉 ○教育相談の基本的姿勢 ○個別面談の基本的技法 ○カウンセリングマインドを活用した教育相談の理解 〈情報発信（メディア）の活用方法を知る〉 ○便利さと危険性の理解	F1-Ⅱ 連携の視点 〈保・幼・小の連携を理解する〉 ○幼児と児童の交流の企画 ○保・幼・小の教職員同士の交流を企画 ○接続を見通したカリキュラムを理解する 〈保護者との連携に努める〉 ○保護者啓発のための連絡帳 ○コミュニケーション能力を高める ○保護者との懇談会等の運営を学ぶ ○活動情報誌の作成と活用方法 〈教育相談の方法と実践を学ぶ〉 ○教育相談、個別面談の実践 ○カウンセリングマインドを活用した教育相談の理解と実践 〈メディアの活用方法を考える〉 ○Webを活用した情報の発信とは ○便利さと危険性の理解	F1-Ⅲ 連携の視点 〈保・幼・小の連携への理解と実践〉 ○接続を見通した交流の企画・運営 ○保・幼・小の発達や学びの連続性を踏まえたカリキュラムの編成 〈保護者との連携を深める〉 ○保護者との懇談会等の運営を企画する ○活動情報誌の作成と活用方法 ○保護者同士の交流の場の提供 ○教育方針、内容理解のための啓発手法 〈教育相談の方法と実践を工夫する〉 ○教育相談の生かし方 ○個別面談の生かし方 ○カウンセリングマインドを活用した教育相談の理解と実践 〈メディアの活用方法を発信する〉 ○Webを活用した情報の発信と活用 ○情報倫理の周知
	子育ての支援	F2-Ⅰ 子育て家庭の支援 〈家庭を支援する必要性の理解〉 ○預かり保育の取り組み 　－教育時間終了後の預かり保育の理解 　－家庭との緊密な連携を図る 　－保護者の要請や地域の実態を知る ○子どもと家庭の変容 　－子どもの育ちの変容を理解する 　－子育ての変容を理解する 　－家庭／家族の変容を知る 　－子どもの変容と家族の変容の関連を理解する ○子どものよさを家庭と共有する ○子どもに寄り添う対応 〈特別なニーズを持つ家庭を知る〉 ○療育環境の理解 ○不適切なかかわり・虐待への理解と早期発見 ○DV（ドメスティック・バイオレンス）の理解	F2-Ⅱ 子育て家庭の支援 〈支援が必要な家庭へのアセスメント〉 ○預かり保育の保育内容に関する計画 　－幼稚園教育の基本を踏まえた保育内容の計画・実践 　－幼児の生活が豊かなものとなる環境を考える ○親の養育観の理解 ○家庭を取り巻く社会環境の理解 ○子育て意識の変化の理解 ○子育ての負担感や不安感への理解 ○子育ちと親育ちへの支援のあり方を学ぶ ○未就園児の親子登園の現状を知る 〈特別なニーズを持つ家庭を学ぶ〉 ○虐待への理解と対応 ○DVの理解と対応 ○ひとり親家庭への対応 ○子どもの貧困化の現状を知る 　－格差の拡大－	F2-Ⅲ 子育て家庭の支援 〈アセスメントを活用した支援を検討〉 ○預かり保育の運営並びに支援 　－園内体制の整備 　－関係機関との連携、協力 　－地域の幼児期の教育のセンターとしての役割 ○子育ちと親育ちへの支援 ○0～2歳児の家庭支援のあり方 ○未就園児の親子登園の運営 〈特別なニーズを持つ家庭への支援〉 ○専門機関との連携を深める ○虐待への理解と対応 ○DVの理解と対応 ○ひとり親家庭への対応と支援 ○子どもの貧困への支援

		Hop	Step	Jump
		○ひとり親家庭への支援 ○子どもの貧困について学ぶ ○自分の育ち（被養育体験）を振り返る		
社会資源		F3-Ⅰ　社会資源の理解 〈身近な社会資源を知る〉 ○病院、保健所、保健センター、福祉事務所、図書館、子ども館など 〈専門機関との交流の意義を知る〉 ○保健師との連携を考える ○児童相談所、療育センター、保健センターの役割を知る 〈コミュニティ・スクールの取り組みを知る〉 ○ PTA 活動・保護者会を理解する ○地域住民の思いやニーズを知る ○運営にあたって様々な取り組みを知る	F3-Ⅱ　社会資源を知る 〈専門機関との交流を深める〉 ○児童相談所、療育センター、保健センターとの交流 ○特別支援教育コーディネーターとの交流について ○民生・児童委員、主任児童委員の役割 ○臨床心理士（カウンセラー）との意見交換 ○ファミリーサポートセンターの役割と利用方法 〈コミュニティ・スクールの実践を学ぶ〉 ○ PTA 活動・保護者会の取り組みを学ぶ ○地域住民の思いやニーズを共有する ○先進的な運営の実践を学ぶ ○園や支援組織・団体との連絡調整を学ぶ	F3-Ⅲ　社会資源を知る 〈専門機関との連携〉 ○児童相談所、療育センター、保健センターとの連携について ○特別支援教育コーディネーターの役割と連携について ○民生・児童委員、主任児童委員との連携 ○子育てサークルの支援を行う ○子育て支援センターの役割を担う 〈コミュニティ・スクールの運営〉 ○ PTA 活動・保護者会を運営する ○地域住民の思いやニーズを共有する ○支援者と園の課題や目指す幼児像の共有を図る ○活動計画を作成し実践に取り組む

索引

井上眞理子 ‥‥第 4 章第 1 節
　洗足こども短期大学幼児教育保育科教授

櫛渕洋介 ‥‥‥第 4 章第 2 節
　ちぐさこども園園長

亀ヶ谷元譲 ‥‥第 4 章第 3 節
　幼保連携型認定こども園　宮前おひさまこども園副園長

安達 譲 ‥‥‥‥第 5 章第 1 節
　せんりひじり幼稚園・ひじりにじいろ保育園園長

加藤由美 ‥‥‥第 5 章第 2 節
　新見公立大学健康科学部准教授

井内 聖 ‥‥‥‥第 5 章第 3 節
　リズム学園学園長・幼保連携型認定こども園恵庭幼稚園園長・北海道文教大学客員教授

（所属・肩書きは 2022 年 12 月現在）

幼稚園・認定こども園キャリアアップ研修テキスト
マネジメント

・・・

2023年2月20日　発行

監　　　修　　一般財団法人全日本私立幼稚園幼児教育研究機構
編 集 代 表　　小田豊・秋田喜代美
編　　　著　　岡健・岩立京子
発 行 者　　荘村明彦
発 行 所　　中央法規出版株式会社
　　　　　　　〒110-0016　東京都台東区台東3-29-1　中央法規ビル
　　　　　　　Tel 03 (6387) 3196
　　　　　　　https://www.chuohoki.co.jp/

装幀・本文デザイン　　　澤田かおり（トシキ・ファーブル）
カバー・本文イラスト　　タナカユリ
印刷・製本　　　　　　　株式会社太洋社

・・・

定価はカバーに表示してあります。
ISBN978-4-8058-8779-0

○本書へのご質問について
本書の内容に関するご質問については、下記URLから「お問い合わせフォーム」にご入力いただきますようお願いいたします。
https://www.chuohoki.co.jp/contact/